प्रियदर्शी अशोक

अतीत की एक गाथा

नाटक

मथुरा कलौनी

समर्पण

अतीत की एक गाथा नयी पीढ़ी को समर्पित

अनुक्रम

मथुरा कलौनी - संक्षिप्त परिचय

मथुरा कलौनी का जन्म 20 जनवरी 1947 को पिथौरागढ़ में तथा शिक्षा दीक्षा कोलकाता में हुई थी। उनकी पहाड़ में बीते बचपन की स्मृतियाँ इतनी बलवती हैं कि वहाँ की अनुभूतियाँ यदा-कदा उनकी रचनाओं में झाँकने लगती हैं। गंभीर से गंभीर विषय को हास्य-व्यंग्य का पुट देकर चुलबुले अंदाज में प्रस्तुत करने में वे सिद्धहस्त हैं। प्रेम, श्रृंगार, हास्य, व्यंग्य आदि सभी रसों के इंद्रधनुषी रंग उनकी अद्भुत वर्णनात्मक शैली में मुक्त तैरते रहते हैं। उनकी रचनाएँ बहुत पठनीय होती हैं। आभास ही नहीं होता कि भावनात्मक अनुभूतियों के आवेगों से गुजरते हुए कब कथानक के शीर्ष पर पहुँच गये।

मथुरा कलौनी अपनी कृतियों में पात्रों के अनुपम चित्रण के लिए जाने जाते हैं। उन्होंने साहित्य की लगभग समस्त विधाओं में अपनी कलम चलाई है जिनमें उपन्यास, कहानी और नाटक प्रमुख हैं। उनकी रचनाओं में अप्रत्यक्ष, गुदगुदाने वाले हास्य की प्रधानता है। मानव संबंधों की विविधता का कदाचित ही कोई पक्ष उनकी लेखनी से अछूता रहा हो।

प्रियदर्शी अशोक में एक कालजयी ऐतिहासिक विभूति का द्वंद्व हो, या **कब होगी भेंट** में अछूते प्रेम के भावनात्मक प्रसंग हों, **धतूरे के बीज** में काले-डरावने चरित्र हों या **विषकन्या** में अपराध जगत के गुमनाम रहस्यों का रोमांच हो, **वहाँ से वापसी** में स्मृति-लोप के कगार से वापसी की यात्रा हो या **कौन हो तुम बृहन्नला** में किन्नर वर्ग की अबूझ अनकही वेदना का चित्रण हो, सब इनकी लेखनी के चित्रफलक(कैनवास) में समाहित हैं।

मथुरा कलौनी ने चार दशक पहले साहित्यिक यात्रा आरंभ की थी। 1988 में बेंगलूरु में कलायन नाट्य संस्था की स्थापना की। 1999 में इन्टरनेट में कलायन पत्रिका (www. kalayan.org) का प्रकाशन आरंभ किया। आपकी लगभग डेढ़ सौ कहानियाँ प्रतिष्ठित पत्रिकाओं में प्रकाशित हो चुकी हैं। पिछले 34 सालों में आप इक्कीस नाटक और दर्जन से अधिक लघुनाटकों का लेखन और मंचन कर चुके हैं। आपके बारह नाटक, चार लघु-उपन्यास और एक कहानी संग्रह प्रकाशित हो चुके हैं। दुबई में दो हिन्दी नाटकों के मंचन के साथ कंबोडिया, बीजिंग, असम-मेघालय, राजस्थान और बाली में अंतर्राष्ट्रीय हिन्दी सम्मेलनों में नाट्यपाठ की प्रस्तुतियाँ खासी चर्चित रहीं।

संप्रति आइटीसी लिमिटेड में रिसर्च मैनेजर के पद से सेवानिवृति के उपरांत बेंगलूरु में नाटकों के लेखन और निर्देशन में सन्नद्ध हैं तथा कलायन नाट्य संस्था के संचालन व कलायन पत्रिका के संपादन और संचालन को समर्पित हैं।

संपर्क : ईमेल editor@kalayan.org

वेबसाइट www.mathurakalauny.com

मथुरा कलौनी के नाटक

स्वयंवर, स्वयंवर 2010

कायापलट

जोड़तोड़

जो पीछे रह जाते हैं

कब तक रहें कुँवारे

चंद्रकान्ता नाटक

कब होगी भेंट

सुबह का भूला

कौन हो तुम बृहन्नला

लंगड़

चिराग का भूत

उसने कहा था

संदेश

तू नहीं और सही

धतूरे के बीज

एक शाम प्रेमचंद के नाम

निष्कासित

मेरा दुश्मन मंटो

नोशनप्रेस द्वारा प्रकाशित
मथुरा कलौनी की पुस्तकें

ये पुस्तकें नोशनप्रेस, एमजॉन, फ्लिपकार्ट आदि ऑनलाइन वेबसाइट पर उपलब्ध हैं।

उपन्यास

चंद्रभवन तृप्तिभवन

नाटक

कायापलट

धतूरे के बीज

एक शाम प्रेमचंद के नाम

कब होगी भेंट

दशा - (लंगड़, तू नहीं और सही, चिराग का भूत, कौन हो तुम बृहन्नला)

प्राक्कथन

यह नाटक ऐतिहासिक पृष्ठभूमि में रचा गया है। सम्राट चंद्रगुप्त मौर्य के पौत्र अशोक का राज्यकाल बीसीई (ईसापूर्व) 273 से 232 तक भारत के इतिहास का एक स्वर्णिम युग रहा है। उसको देवनंप्रिय प्रियदर्शी कहा गया है। अर्थात देवताओं का प्रिय और सब को प्रेमभाव से देखने वाला। भारत के चक्रवर्ती सम्राट देवनंप्रिय प्रियदर्शी अशोक का साम्राज्य, उत्तर पश्चिम में आज के ईरान से पूर्व में म्यान्मार तक, तथा उत्तर में अफगानिस्तान से दक्षिण में कर्नाटक तक फैला हुआ था। प्रियदर्शी के रूप में सब के प्रति सम भाव रखने के सिद्धांत के कारण सारनाथ में अशोक के सिंह स्तंभ पर बने धर्मचक्र (अशोक चक्र) को हमारे राष्ट्रीय ध्वज में स्थान दिया गया है। इतना ही नहीं, भारत का राजचिह्न भी सारनाथ स्थित अशोक के सिंह स्तंभ की अनुकृति है।

बौद्ध साहित्य में अशोक को क्रूर और आततायी बताया गया है। बौद्ध ग्रंथों के अनुसार अशोक इतना निर्दय और रक्तपिपासित था कि पाटलीपुत्र का सिंहासन पाने के लिए

उसने अपने सौ भाइयों की हत्या की थी। उन सब को मार कर ही वह मगध का सम्राट बना था। कलिंग युद्ध के नरसंहार और युद्ध की विभीषिका को देख कर उसे गहन आत्मग्लानि हुई कि यह मैंने क्या कर दिया। उसने हिंसा का मार्ग त्यागने का निर्णय लिया। शस्त्र त्याग कर उसने बौद्ध धर्म ग्रहण कर लिया। यही हमें पढ़ाया भी गया था कि अशोक कलिंग युद्ध तक एक क्रूर चंडाशोक था। कलिंग युद्ध के पश्चात उसका हृदय-परिवर्तन हुआ और वह चंडाशोक से धर्माशोक बन गया। इसकी कभी पुष्टि नहीं हो पाई है कि ऐसा ही हुआ होगा।

यह असंभव-सा प्रतीत होता है कि इतने विशाल और विविधताओं से भरे साम्राज्य पर सुव्यवस्थित रूप से शासन करने वाला सम्राट, ऐसा सम्राट जिसकी प्रशंसा रोम से ले कर चीन तक की जा रही हो और जिसने रक्त की एक बूँद बहाये बिना ही विश्व में धर्मविजय की हो, वह एक महान व्यक्तित्व का धनी, गहन चिंतक, कुशल और सहिष्णु शासक न होकर कुछ और भी हो सकता है। अशोक ने बौद्ध धर्म अपनाया। उसकी प्रेयसी एक बौद्ध थी और शाक्यकुमारी थी। उसके प्रभाव में निश्चय ही उसका रुझान बौद्ध धर्म की ओर रहा होगा। मैंने इस नाटक में अशोक के उस रूप को दर्शाने की चेष्टा की है जो मानवीय है तथा अशोक को साधारण की श्रेणी से उठा कर महान बनाता है।

यह प्रकरण मुझे इसलिए भी तर्कसंगत नहीं लगता क्योंकि ऐतिहासिक तिथियों की बात करें तो यह तथ्य निश्चित रूप से उभर कर सामने आता है कि अशोक, सम्राट बिंदुसार की मृत्यु के बाद मौर्य साम्राज्य का उत्तराधिकारी घोषित होने के बाद भी चार वर्षों तक सिंहासन पर नहीं बैठता है। बाह्यरूप से ही राजपाट सँभालता है। यदि वह सत्ता-लोलुप होता तो चार वर्षों तक सिंहासन रिक्त क्यों रखता? ऐसे ही कुछ प्रश्न हैं जिनसे अशोक का चंडाशोक होना तर्कसंगत नहीं लगता है।

अशोक पर अपने अध्ययन से अद्यतन ऐसा कोई संतोषप्रद साक्ष्य उपलब्ध नहीं हो पाया जिससे अशोक के व्यक्तित्व के इस क्रूर पक्ष की धारणा पुष्ट हो सके। कुछ बौद्ध ग्रंथों में चंडाशोक का वर्णन आता है। वहाँ शायद बौद्धधर्म को महिमामंडित करने के लिए अशोक को चंडाशोक बताया गया हो कि कैसे बौद्धधर्म के सदय सिद्धांत ने एक क्रूर चंडाशोक को धर्माशोक में परिवर्तित कर दिया।

अशोक का साम्राज्य विविधताओं से भरा था। विशाल इतना था कि साम्राज्य के एक छोर से दूसरे छोर तक पहुँचने के लिए द्रुतगामी अश्व भी दो महीनों तक का समय ले लेते थे। ऐसे विशाल और विविध साम्राज्य को एक सूत्र में बाँधने वाला सम्राट एक संयममहीन क्रोधी स्वभाव वाला तथा अस्थिर मनःस्थिति वाला नहीं हो सकता है।

इन्हीं बिंदुओं को ध्यान में रखते हुए मैंने इस नाटक की रचना की है। इस नाटक की घटनाएँ संभाव्य हैं।

मथुरा कलौनी
बेंगलूरु
विश्व रंगमंच दिवस 2022

दिशा-निर्देश

रंगकर्मियों के लिए

नाटक के दृश्यों का गठन मंचन की सुगमता को ध्यान में रख कर किया गया है। युद्ध के विस्तार और विभीषिका को दर्शाने के लिए साइक्लोरामा दृश्यपटल का सृजनात्मक प्रयोग उचित रहेगा। अन्य सभी दृश्यों की संरचना मंच-शिल्प द्वारा सरलता से प्रभावशाली बनायी जा सकती है।

पाठकों के लिए

नाटकों में संवाद और दिशा निर्देश होते हैं। नाटकों के मंचन में दिशा निर्देश के अनुसार, मंच और रूप सज्जा के साथ पात्र संवाद की सहायता से प्रभावशाली ढंग से कथ्य प्रस्तुत करते हैं। इस प्रक्रिया में कुछ नाटक पठनीयता खो देते हैं। इस नाटक को मैंने साहित्यिक जामा पहनाकर अतीत के गौरव के कुछ पन्ने खोले हैं। तथा यथासंभव पठनीय बनाया है। पढ़ने का आनंद उठाने के लिए पाठकों से निवेदन है कि वे नाटक के पात्रों को, चरित्र और परिवेश के अनुसार, जीवंत रूप में और नाटककार के चश्मे से देखें।

प्रियदर्शी अशोक

पुरुष पात्र

अशोक	मगध सम्राट बिंदुसार का पुत्र। तृतीय मौर्य
सुशीम	अशोक का सौतेला भाई। मगध का युवराज
विधुगुप्त	राधागुप्त का पुत्र। अशोक का समवयसी
सम्राट बिंदुसार	मौर्य सम्राट। चंद्रगुप्त मौर्य का पुत्र
राधागुप्त	आचार्य चाणक्य का शिष्य। सम्राट बिंदुसार का महामात्य। सम्राट अशोक के मंत्रिमंडल का वरिष्ठ सदस्य
सत्यदर्शन	राजकीय यात्रा अधिकारी
सुभट	दण्डनायक
महानंद	कलिंग राजसभा का वरिष्ठ सदस्य
परमानंद	महानंद का सहयोगी
अनंत पद्मनाभन	कलिंग का राजा

सभासद-एक   कलिंग राजसभा का वरिष्ठ सदस्य

सभासद-दो   कलिंग राजसभा का वरिष्ठ सदस्य

रोहण   देवी का साथी

भीम   देवी का साथी।

शिल्पकार   शिलालेखक

प्रतिहारी (दो)

सैनिक (छह)

स्त्री पात्र

महादेवी   श्रेष्ठिकन्या, अशोक की प्रथम पत्नी

असंधिमित्रा   अशोक की अग्रमहिषि

कारुवाकी   कलिंग कन्या। अशोक की पत्नी

स्त्री   युद्ध भूमि में एक विक्षिप्त स्त्री

दृश्य एक

पात्र – महादेवी, भीम, रोहण और सैनिकगण

स्थान विदिशा से उज्जयनी को जानेवाला राजपथ।

महादेवी, भीम और रोहण विश्राम कर रहे हैं। तीनों ने यात्रा के अनुकूल वस्त्र पहन रखे हैं तथा तीनों छद्मवेश में हैं। घोड़ों के हिनहिनाने की आवाज।

महादेवी

भीम, अश्वों की वल्गा खोल दो। उनके लिए दाना-पानी भी डाल दो। आज रात्रि यहीं विश्राम करते हैं। कल तड़के निकल पड़ेंगे, पहर रात तक उज्जयनी पहुँच जायेंगे।

भीम

ठीक है। अश्वों को दाना-पानी डालने के पश्चात मैं पास के जंगल से जलावन के लिए सूखी लकड़ियाँ ले आता हूँ।

रोहण

जंगली पशुओं और दस्युओं से सावधान रहना।

भीम

इस क्षेत्र से हम परिचित हैं। यहाँ जंगली पशु तो लगभग नहीं ही हैं। यहाँ की भूमि समतल है, दस्यु आयेंगे तो दूर से ही दिख जायेंगे। अयाचित स्थिति उत्पन्न होने पर निपट लूँगा।

> **भीम उठ कर जाता है। घोड़ों के रिरियाने का शब्द। दूर जाती घोड़े की टाप सुनाई पड़ती है।**

रोहण

सुना है अवंती के नये प्रांताधीश राजकुमार अशोक बने हैं।

महादेवी

ठीक सुना है।

रोहण

उन्हें तो तक्षशिला भेजा गया था विद्रोह दमन करने के लिए। तो अब तक्षशिला को कौन देखेगा?

महादेवी

वही जो देख रहा था।

रोहण

कौन सुशीम। पर सुशीम से तो शासनतंत्र नहीं सँभल रहा था। प्रजा में असंतोष था। असंतोष के कारण विद्रोहियों ने आतंक फैला रखा था। विद्रोह दमन करने के लिए ही तो राजकुमार अशोक को तक्षशिला भेजा गया था।

महादेवी

हाँ राजकुमार अशोक को तक्षशिला भेजा गया था। सुशीम ने भी इच्छा व्यक्त की थी कि विद्रोह दबाने में अशोक उसकी सहायता करे।

रोहण

अरे वाह आपको कैसे पता चला कि अशोक को सुशीम ने बुला भेजा था। लोगों में तो धारणा है कि दोनों भाइयों में बनती नहीं है।

महादेवी

(वाणी में सरल हास है।) हम व्यवसायी लोग हैं। वाणिज्य-व्यवसाय में राजनितिक और प्रशासनिक गतिविधियों को

संज्ञान में रखना पड़ता है। दोनों सहोदर नहीं हैं और सुशीम जेष्ठपुत्र है इसलिए जनधारणा बनी हुई है कि दोनों की एक-दूसरे से नहीं बनती। ऐसा कुछ नहीं है। दोनों में स्वस्थ स्पर्धा है। बस इससे अधिक कुछ नहीं है।

रोहण

पर तक्षशिला में उपद्रव कर कौन रहा है? वह भी इतने बड़े स्तर पर कि पाटलीपुत्र से अशोक को जाना पड़ा सहायता के लिए।

महादेवी

इसको इस तरह समझो। यवन सिकंदर और सेल्यूकस की हार को नहीं भूल पाये हैं। वे तक्षशिला को हथियाना चाहते हैं। सीधे युद्ध करने की उनकी क्षमता नहीं है। अतः पहले आतंक फैला कर शासन तंत्र की डोर को शक्तिहीन बनाना चहते हैं। विद्रोह उन्ही के संरक्षण में तथा उन्ही के प्रशिक्षण से हो रहा था। मुझे वणिकों से समाचार मिला था कि राजकुमार अशोक ने बड़ी कुशलता से विद्रोहियों का संहार किया है। जब स्थिति नियंत्रण में आ गई तो सम्राट ने उन्हें उज्जयनी के लिए प्रस्थान करने का आदेश दिया। उन्हें अवन्ती का प्रांताधीश घोषित कर दिया गया है।

रोहण

हम तो समझ रहे थे कि सुशीम पाटलीपुत्र जायेंगे और अशोक तक्षशिला सँभालेंगे।

महादेवी

हा हा हा.. अब तुम्हारी समझ से तो यह मौर्य साम्राज्य नहीं चलता न!

रोहण

मेरी समझ से मौर्य साम्राज्य भले ही न चले पर मौर्य साम्राज्य का एक नागरिक होने के नाते मैं यह अवश्य जानना चाहूँगा कि सम्राट तक्षशिला के महत्व को कम क्यों आँक रहे हैं।

महादेवी

अवंती को कम न आँको। भारत का हृदय है। यहाँ भी दस्युओं का प्रकोप है। कुशल प्रशासक की यहाँ भी आवश्यकता है।

रोहण

सुशीम के बारे में प्रचलित है कि वे बहुत दयालु हैं। यदि ऐसा है तो यवन पुनः उत्पात करेंगे ही। उसका दमन कैसे होगा? यवन दया-माया नहीं जानते।

महादेवी

हाँ तुम ठीक कहते हो रोहण। यवन अराजकता में ही पनपते हैं। उनका यही प्रयत्न रहता है कि शासन तंत्र की शक्ति क्षीण हो और अराजकता फैले। वे युवाओं को दिग्भ्रमित करने का कोई अवसर नहीं छोड़ते। उनके बढ़ते हुए प्रभाव से तक्षशिला के शिक्षा क्षेत्र में नैतिकता का ह्रास प्रत्यक्ष दिखने लगा है। तक्षशिला का गुरुकुल षड़यंत्रों का केन्द्र बन गया है। और ऐसे शिक्षण संस्थान से अब हमें कुशल और प्रखर बुद्धि प्रशासक नहीं मिल रहे हैं जो इतने बड़े साम्राज्य को दूरदर्शिता से चलाने के लिए बहुत आवश्यक हैं। मेरी समझ में तक्षशिला मौर्य साम्राज्य के लिए बहुत महत्वपूर्ण है।

घोड़ों की टाप सुनायी पड़ती है, और एक घोड़ा चिंघाड़ता है। रोहण कान लगा कर सुनने का प्रयत्न करता है।

रोहण

दस्यु हैं। पाँच या छह व्यक्ति हैं। (तलवार निकालता है।)

नेपथ्य से

(अपरिचित आदेशात्मक स्वर) रुक जाओ।

नेपथ्य में फिर एक घोड़ा चिंघाड़ता है। भीम की चीख। इतने में चार-पाँच सैनिक प्रकट हो कर इन्हें घेर लेते हैं।**

सैनिक

अपनी तलवार म्यान में डाल दो। संघर्ष व्यर्थ है।

रोहण

तुम दस्युओं के लिए मैं अकेला ही बहुत हूँ।

महादेवी

शांत हो जाओ, रोहण। तलवार म्यान में डाल दो। अभी अवसर उचित नहीं है। भीम घायल हो चुका है। नहीं तो अब तक आ चुका होता।

सैनिक

बुद्धिमान लगते हो।

प्रकाश वृत्त में महादेवी। महादेवी चिंतित है। प्रकाश धीमा हो कर लुप्त होता है।

दृश्य दो

पात्र – अशोक, सुशीम, विधुगुप्त, महादेवी और सैनिकगण

स्थान राजपथ के पास अशोक का यात्रा शिविर। शिविर-शीर्ष में मौर्य ध्वज फहरा रहा है। अशोक और सुशीम वार्तालाप में लिप्त हैं।

सुशीम

अशोक मैं कल तक्षशिला के लिए निकलने वाला था पर तात राधागुप्त ने बुला भेजा है। अश्वारोही संदेशवाहक से अभी-अभी संदेश मिला है। समझ में नहीं आ रहा है कि क्यों बुला भेजा है?

अशोक

हाँ सुशीम। तात राधागुप्त ने मुझे भी बुला भेजा है। सम्राट के आदेश की अवहेलना कर सकता हूँ पर तात राधागुप्त की नहीं।

सुशीम

करना भी मत। भरी सभा में डाँट पिला देंगे। (हँसता है।) तुम शायद बच जाओ, तुम पर विशेष स्नेह है उनका।

अशोक

मैं भी ऐसा ही सोचता था। तब चेत गया जब उन्होंने मुझे तक्षशिला जाने का आदेश दिया। मैंने कहा कि मैं जाकर क्या करूँगा। वहाँ सुशीम तो है ही। वह सक्षम है। तो वे कहते हैं, मौर्य सेनापति की उपस्थिति में, कि मुझे मालूम है कि सुशीम सक्षम है। मैं देखना चाहता था कि अशोक का खड्ग क्या केवल म्यान के लिए बना है? क्या उसकी तथाकथित कुशाग्र बुद्धि कुशाग्र में ही समा के रह गयी है!

सुशीम

(हँसता है। अशोक हँसने में साथ देता है।) मेरी तक्षशिला की यात्रा को बीच में ही रोक कर, शीघ्र पाटलीपुत्र पहुँचने का आदेश है। ऐसा ही आदेश तुम्हारे लिए भी है जब कि तुमने अभी-अभी अवन्ती का कार्यभार सँभाला है। ऐसा क्या घट रहा है पाटलीपुत्र में कि हम दोनों को महामात्य का राजकीय आदेश आया है।

अशोक

अरे सुशीम अधिक मत सोचो। विशाल साम्राज्य है। सम्राट थोड़े थक-से गये हैं। आन पड़ी होगी कोई समस्या। (विराम) इस बार तो ऐसा ही रहा। तुम्हारे साथ समय ही नहीं बिता पाया।

सुशीम

पाटलीपुत्र से तक्षशिला लौटते समय मैं अवश्य उज्जयनी हो कर जाऊँगा। सबकुछ ठीक रहा तो कुछ दिन यहीं रुकूँगा। (सोचता है।) अशोक कुछ-न-कुछ गंभीर समस्या है कि हम दोनों को एक साथ पाटलीपुत्र बुलाया गया है।

अशोक

जिसके संबंध में कुछ ज्ञात ही न हो उसके लिए सोचना ही क्यों। इतना सोच कर अपना स्वास्थ्य विगलित न करो।

सुशीम

कहीं ऐसा तो नहीं कि महामात्य राधागुप्त के प्रभाव में आकर सम्राट मुझसे युवराज का पद छीन कर तुम्हें युवराज बना दें।

अशोक

तो यह चिंता तुम्हें खाये जा रही है।

सुशीम

मेरे लिए चिंता का विषय तो है ही।

अशोक

देखो सुशीम, ऐसा होने वाला तो है नहीं। तुम ज्येष्ठ हो और सम्राट के प्रिय हो। यदि नियति के उलटफेर से ऐसा हुआ भी तो मैं अपने सिर से युवराज का किरीट उतार कर फिर तुम्हारे सिर पर रख दूँगा। किन्तु तुम व्यर्थ की चिंता न करो। मेरी प्रकृति तो तुम जानते ही हो। तुम्हारी महत्वाकांक्षा में कभी व्यवधान नहीं बनूँगा। और मगध के घोषित युवराज का ऐसा सोचना सर्वथा अनुचित है।

सुशीम

अशोक, तुम मेरे सहोदर नहीं हो पर मैं तुम्हें अपना पर्याय मानता हूँ। इसीलिए अपने मन की गाँठ तुम्हारे समक्ष सरलता से खोल लेता हूँ। अभी मैं अपने शिविर मैं जा रहा हूँ। कल तड़के अपने सार्थ के साथ मैं पाटलीपुत्र के लिए प्रस्थान करूँगा।

अशोक

मैं भी कल भोर को ही प्रस्थान करूँगा। प्रणाम युवराज, प्रणाम भ्राताश्री।

सुशीम जाते-जाते रुकता है। हँसने लगता है। अशोक भी हँसने लगता है। जाता है।

विधुगुप्त का शिविर में प्रवेश।

अशोक

(कुछ आश्चर्य से) विधु तुम तो कल प्रातः मिलने वाले थे। अभी कैसे? सब कुशल तो है?

विधुगुप्त

कुमार राजपथ पर सैनिकों ने एक दस्युदल को बंदी बनाया है। घटनास्थल पर तीन दस्यु थे। तीनों बंदी हैं। एक घायल है।

अशोक

कुछ तो असाधारण है जिसके लिए तुम अभी इस समय यहाँ आये हो।

विधुगुप्त

असाधारण यह है कुमार कि तीनों बंदियों में से एक युवती है और वही दल की प्रमुख है।

अशोक

विधु, तुम्हारी समस्या यह है कि तुम कथ्य का एक कथावाचक की तरह वर्णन करते हो। सीधे यथार्थ पर आ जाओ तो मुझे यह समझने में सुविधा होगी कि तीन सदस्यों के दस्युदल के लिए अवन्ती के प्रांताधीश की एक राजकीय यात्रा में क्यों विघ्न डाला जा रहा है।

विधुगुप्त

वह इसलिए कुमार कि दस्युदल की प्रमुख वह युवती अवन्ती के प्रांताधीश से मिलना चाहती है। हमारे सभी प्रश्नों के उत्तर में उसका एक ही कहना है कि वह जो कुछ भी कहेगी केवल प्रांताधीश से कहेगी।

अशोक

(हँसते हुए) यह अवश्य असाधारण है। कहाँ है वह?

विधुगुप्त के संकेत पर दो सैनिक एक स्त्री को कुमार के सम्मुख लाते हैं। स्त्री पुरुष वेश में है। पकड़े जाने के पश्चात् उसके कुन्तल बंधनमुक्त हो गये हैं। उसके हाथ पीछे की ओर बंधे हैं और बंधन की जकड़न से कलाइयों पर रक्त छलक आया है। मुक्त केशराशि के बीच में उसका मुखमंडल बादलों के बीच चंद्रमा की तरह देदीप्यमान है। वह स्वेद से भीगी हुई है। उसके वस्त्र उसके जोड़ों पर गीले हो रहे हैं जिससे उसका स्त्रीत्व उजागर हो उठा है।

अशोक

(कुछ ग्लानि से) विधु देवि को बंधनमुक्त करो।

विधु सैनिकों की ओर संकेत करता है।
सैनिक स्त्री को बंधनमुक्त कर देते हैं।

विधुगुप्त

युवती, तुम्हारी इच्छा पूरी हुई। तुम इस समय अवंती के प्रांताधीश कुमार प्रियदर्शी अशोक के समक्ष हो।

रोष से स्त्री का मुखमंडल तमतमाया हुआ है। अपनी कलाइयाँ सहलाती है। कुछ उत्तर नहीं देती है।

विधुगुप्त

युवती!

महादेवी

मुझे विश्वास नहीं है कि यह युवक अवंती का प्रांताधीश है।

विधुगुप्त

उद्दंड युवती, तुम कुमार से प्रांताधीश होने का प्रमाण चाहती हो!

महादेवी

अवश्य। यह क्षेत्र दस्युयों से भरा हुआ है। मुझे कैसे विश्वास हो कि तुम दस्यु नहीं हो।

विधुगुप्त

(क्रोध से) क्या तुम मौर्य साम्राज्य के ध्वज को नहीं पहचानती हो ?

महादेवी

अवश्य पहचानती हूँ। यह ध्वज दस्युयों को भी उपलब्ध है। कोई भी इसे अपने शिविर में आरोहित कर स्वयं को प्रांताधीश घोषित कर सकता है।

विधुगुप्त

यह मत भूलो युवती कि तुम एक बंदिनी हो।

महादेवी

मैं नहीं भूल रही युवक कि मैं यहाँ पर बंदिनी हूँ और मेरा एक साथी घायल है। मैं तो यह जानने का प्रयत्न कर रही थी कि मैं किसकी बंदिनी हूँ। यदि तुम और यह युवक जिसे तुम प्रांताधीश जता रहे हो, मौर्य साम्राज्य के प्रतिनिधि हो तो मैं यह अवश्य जानना चाहूँगी कि मेरी स्वतंत्रता और मेरे व्यक्तित्व का अतिक्रमण क्यों किया गया है?

अशोक

देवि, मैं प्रियदर्शी अशोक, सम्राट का प्रतिनिधि हूँ। मैं समझता हूँ कि आप किसी कारणवश इस तथ्य को नकारना चाहती

हैं। वह कारण भी मेरी समझ में आ रहा है। फिर भी आप मेरे प्रांताधीश होने का प्रमाण चाहती हैं तो.... (अपनी अनामिका से राजकीय मुद्रा निकालने लगता है।)

महादेवी

(कुछ क्षण अशोक को देखती है।) उसकी आवश्यकता नहीं है। पर मुझे मेरे प्रश्न का उत्तर चाहिए।

विधुगुप्त

तुम मानती हो कि कुमार प्रांताधीश हैं। फिर भी एक अपराधिनी हो कर निरर्थक प्रश्न पूछने का दुस्साहस कर रही हो!

महादेवी

युवक, व्यर्थ प्रलाप तुम कर रहे हो। तुम्हारे सैनिकों ने मुझे बंदिनी अवश्य बनाया है पर अभी तक मुझे यह नहीं बताया गया है कि मेरा अपराध क्या है?

विधुगुप्त

(स्वर में व्यंग्य है।) अब दस्यु भी पूछने लगे कि उनका अपराध क्या है?

महादेवी

(स्वर में रोष है।) राह चलते पथिकों को दस्यु समझ कर बंदी बनाना मूर्खता की पराकाष्ठा है।

विधुगुप्त

(क्रोध से) युवती!

महादेवी

क्रोध न करो युवक। सत्य से साक्षात्कार करने का साहस रखो। और यह न भूलो कि मेरा साथी घायल हुआ है। तुम्हारे सैनिक ने जो बाण चलाया है वह प्राण हरने वाला था, केवल घायल करनेवाला नहीं।

विधुगुप्त

तुम्हारा साथी सैनिकों के रोकने पर भी नहीं रुका था।

महादेवी

जिस राज्य में दस्यु सैनिक वेश में विचरण करते हों...

अशोक

देवि, आप क्षुब्ध न हों। स्थिति मेरी समझ में आ गयी है। आप से यह भूल हुई है कि आप दस्यु दल और मौर्य साम्राज्य के

सैनिकों में अंतर नहीं कर पायीं। और विधु, सैनिकों से भूल यह हुई है कि उन्होंने अपने आयुधों का दुरुपयोग किया। सैनिक गुल्मों में रहते हैं। तीन व्यक्तियों को घेरने के लिए एक गुल्म को हथियारों की आवश्यकता ही नहीं पड़नी चाहिए थी।

महादेवी उद्विग्न है। अशोक को देखती है। वह कुछ कहने ही वाली थी कि प्रियदर्शी ने आगे कहा...

देवि मैं आपकी क्षतिपूर्ति तो नहीं कर सकता, हाँ आपके साथी की चिकित्सा राजकीय कोष से होगी। आप स्वतंत्र हैं। आप जहाँ भी जाना चाहें मेरे सैनिक आपको सकुशल पहुँचा आयेंगे। मैं आपको वचन भी देता हूँ कि सैनिकों को उचित प्रशिक्षण दिया जायेगा जिससे वे ऐसी भूल न दोहरायें।

महादेवी

कुमार अशोक मैं भी आपसे और (विधु की ओर देख कर) आपसे क्षमाप्रार्थी हूँ। क्रोधवश मैं अपना विवेक खो रही थी। आपके वाक्चातुर्य ने मुझे अपने क्रोध में विजय पाने में सहायता की। तथागत आपका कल्याण करें।

अशोक

विधु देवि और इनके साथियों को इनके गंतव्य तक एक सैनिक सार्थ के साथ पहुँचा दिया जाये।

अशोक प्रकाश वृत्त में।

(सोचता है। स्वगत भाषण) पल में ज्वाला पल में जल, अभी प्रचण्ड अभी शीतल।

प्रकाश धीमा हो कर लुप्त होता है।

दृश्य तीन

पात्र – सम्राट बिंदुसार, महामात्य राधागुप्त, अशोक, सुशीम, विधुगुप्त और प्रतिहारी

सम्राट बिंदुसार के राजप्रासाद का मंत्रणा कक्ष। सम्राट बिंदुसार और महामात्य राधागुप्त वहाँ बैठे हुए हैं।

सम्राट

क्या समाचार की पुष्टि कर ली गई है?

राधागुप्त

हाँ सम्राट।

सम्राट

आज कितने दिन हो गये हैं?

राधागुप्त

एक पक्ष व्यतीत हो गया है। उनके साथ जो आखेट में गये थे वे सब लौट आये हैं। उनका कहना है दोनों राजकुमार अपने

घोड़े दौड़ा कर बहुत आगे निकल गये थे, और लौटे नहीं। वह स्थान मगध की सीमा से लगा कलिंग का सघन वन है। हमारे सैनिकों ने बहुत ढूँढ़ा, आस-पास के वनक्षेत्र को छान मारा। एक स्थान पर राजकुमार ऋपुदमन का खड्ग मिला बस।

सम्राट

उस वन क्षेत्र में व्याघ्रों का बाहुल्य है।

राधागुप्त

आखेट से लौटे उनके साथियों का भी यही अनुमान है कि पशु-मनुष्य संघर्ष में दोनों राजकुमारों को मृत्यु का मुँह देखना पड़ा। पर सम्राट टोसाली से हमारे गूढ़ पुरुष जैसे समाचार प्रेषित कर रहे हैं उनसे तो लगता है कि सुकीर्ति और ऋपुदमन की मृत्यु में कहीं-न-कहीं महानंद का हाथ है।

सम्राट

हो सकता है। दोनों कुमारों की एक साथ और एक ही स्थान में मृत्यु मन में संशय उत्पन्न करती है।

राधागुप्त

गुप्तचर और गूढ़ पुरुष टोसाली से जो समाचार लाये हैं वह इस प्रकार हैं। कलिंग की राजसभा मगध के प्रति आशंकित है। उनकी इस आशंका को हवा दे रहा है महानंद।

सम्राट

किस लाभ की आशा से महानंद कलिंग की राजसभा को मगध की ओर से आशंकित कर रहा है?

राधागुप्त

महानंद अब भी मगध के विनाश के दिवास्वप्न देख रहा है। उसकी चेष्टा है कि कलिंग की राजसभा आवेश में आकर और राजकीय संयम खो कर मगध पर आक्रमण कर दे।

सम्राट

(आँखें बड़ी-बड़ी करके) कलिंग मगध पर आक्रमण करेगा! (हँसता है।) ऐसी हास्यास्पद बात मैंने पहले कभी नहीं सुनी।

राधागुप्त

सम्राट, महानंद का एक ही ध्येय है और वह है मौर्यों का विनाश। टोसाली से जितने भी समाचार मिले हैं उन सब से यही लगता है कि महानंद एक विकृत मस्तिष्क वाला व्यक्ति है। उसकी धारणा है कि मौर्य सम्राट वृद्ध हो चले हैं और युद्ध से विमुख हैं। उनकी सैन्य-शक्ति कलिंग की सीमाओं से दूर है। युवराज से तक्षशिला प्रदेश ही नहीं सँभल रहा है, साम्राज्य क्या सँभलेगा। ऐसे में यदि आज कलिंग आक्रमण कर दे तो

जीत निश्चित है। आपको ज्ञात ही है कि पाटलीपुत्र के कुछ असंतुष्ट तत्व महानंद से मिले हुए हैं।

सम्राट

क्या कलिंग राजसभा युद्ध का निर्णय पारित कर देगी!

राधागुप्त

महानंद और उसके प्रभाव में आये सभासदों ने प्रयत्न तो बहुत किए पर असफल रहे। राजा अनंत पद्मनाभन को मगध के प्रति ऐसी कोई आशंका नहीं है। वे युद्ध के प्रस्ताव को पारित नहीं होने देंगे।

सम्राट

उत्तर-पश्चिम में यवनों का उपद्रव शांत होने का नाम नहीं ले रहा है। पूर्व में कलिंग फण उठाये है। अवसर मिलते ही डंक मारेगा। कलिंग का दुस्साहस इतना बढ़ गया है कि आखेट में गये हमारे राजपरिवार के दो राजकुमारों का ही आखेट कर दिया। मैं इस कालखंड में युद्ध के पक्ष में नहीं था। पर अब तो युद्ध अनिवार्य हो चला है, राधागुप्त। महानंद का एक आकलन सही है कि हमारी सेनाएँ कलिंग की सीमाओं से दूर हैं। किसी भी, कैसी भी स्थिति का सामना करने के लिए तत्काल एक युद्ध समिति का गठन कीजिये।

राधागुप्त

युद्ध समिति का गठन आज ही हो जायेगा।

सम्राट

महामात्य, महानंद राजपरिवार के कुछ व्यक्तियों को क्षति पहुँचाने में समर्थ है। आप राजधानी की सुरक्षा का स्तर बढ़ा दें।

राधागुप्त

उसकी व्यवस्था कर दी गयी है, सम्राट।

सम्राट

युवराज सुशीम और राजकुमार अशोक को सूचित कर दिया है?

राधागुप्त

हाँ सम्राट। युवराज सुशीम तो प्रत्यक्षरूप से कलिंग को दोषी ठहरा रहे हैं क्योंकि राजकुमारों की मृत्यु कलिंग की सीमा के अंदर हुई है। उनको रोष है कि इतना बड़ा कांड हो गया है फिर भी कोई कुछ करता क्यों नहीं है!

सम्राट

(व्यंग्यात्मक स्वर) हाँ, जो कुछ करना है दूसरों को करना है। वह तो युवराज है। भावी सम्राट। उसे कुछ करने की कोई आवश्यकता नहीं। अभी वह शोकग्रस्त है। सबको उसके साथ सहानुभूति होनी चाहिए। उसके शोक का शमन करने के लिए किसी को कलिंग पर आक्रमण करना चाहिए।

राधागुप्त

राजकुमार अशोक भी बहुत उद्विग्न हैं।

सम्राट

यही मेरी चिंता का विषय है, महामात्य।

राधागुप्त

चिंता सम्राट?

सम्राट

मौर्य साम्राज्य के ये दो कर्णधार हैं, सुशीम और अशोक। बड़ा अकर्मण्य और छोटा अशांत। बड़ा सम्राट बनने के लिए आतुर और छोटा सत्ता की ओर उदासीन। मेरे स्वास्थ्य पर भी प्रश्न चिह्न लगा हुआ है। इन परिस्थितियों में साम्राज्य सौंपें भी तो किसे सौंपें। और तुम कहते हो कि चिंता सम्राट!

विराम

महामात्य, सुकीर्ति और ऋपुदमन सुशीम के और अशोक के भी बहुत घनिष्ठ थे। आप उन्हें संभालें और स्थिति पर उनके विचार जानें। दोनों राजकुमारों के जीवित होने की आशा समाप्त हो चुकी है। फिर भी आप एक सप्ताह बाद ही दोनों को मृत घोषित करें। कारण आखेट में दुर्घटना बतायें।

राधागुप्त

जो आज्ञा, सम्राट।

सम्राट

युवराज सुशीम शीघ्र तक्षशिला जाये। आपको तो ज्ञात होगा कि साम्राज्य में कुशल प्रशासकों का अभाव-सा हो चला है। तक्षशिला का गुरुकुल आजकल निस्तेज और निर्वीर्य स्नातकों का जनक बना हुआ है। सुशीम शीघ्रातिशीघ्र इस व्यवस्था को सही दिशा प्रदान करे और तक्षशिला को उस कीर्तिशिखर पर पहुँचाये जिस शिखर पर आचार्य चाणक्य के समय में था।

जाता है। अँधेरा।

कुछ क्षणों पश्चात प्रकाश लौटता है।

प्रतिहारी

कुमार विधुगुप्त।

विधुगुप्त का प्रवेश । राधागुप्त के चरण स्पर्श करता है।

राधागुप्त

आयुष्मान भव। (आसन की ओर इंगित करता है और विधुगुप्त बैठता है।)। युवराज सुशीम?

विधुगुप्त

शोकाकुल हैं। कुमार अशोक के साथ आ रहे हैं।

प्रतिहारी

युवराज सुशीम। राजकुमार अशोक।

सुशीम और अशोक का प्रवेश।

सुशीम और अशोक आसन ग्रहण करते हैं। सुशीम उदास है। उसकी आँखें फूली हुई हैं और पलकों में गीलापन है। अशोक भी सहज नहीं है।

अशोक

महामात्य, आप ने यह समाचार हमें पहले क्यों नहीं दिया? जब सुकीर्ति और ऋपुदमन आखेट से समय पर नहीं लौटे तो हमें सूचना मिल जानी चाहिए थी।

सुशीम

हाँ महामात्य, मुझे भी ऐसा ही प्रतीत हो रहा है। संदेशवाहक के साथ इस दुर्घटना का भी संदेश होना चाहिए था।

राधागुप्त

जब पूर्णरूप से विश्वास हो गया कि दोनों राजकुमार जीवित नहीं रहे तभी आपको यहाँ आने के लिए संदेश भेजा गया। (सुशीम की ओर मुड़कर) युवराज, सम्राट ने आप दोनों को इस दुर्घटना से उत्पन्न स्थिति पर विचार-विमर्श के लिए यहाँ बुलाया है। सम्राट का निर्णय था कि आप दोनों को यहीं बुला कर ही यह शोक-समाचार दिया जाये।

सुशीम

महामात्य, मेरा मन तो करता है कि कलिंग पर आक्रमण कर दिया जाये। एक-न-एक दिन यह युद्ध तो होना ही है। जो कल होना है आज हो जाये।

विधुगुप्त

व्यर्थ की बहस है यह, युवराज। सम्राट युद्ध के पक्ष में नहीं हैं।

सुशीम

दक्षिण अभियान के पश्चात सम्राट शिथिल पड़ गये हैं।

राधागुप्त

नहीं युवराज, सम्राट शिथिल नहीं हैं।

सुशीम

महामात्य, कलिंग मगध साम्राज्य की पीठ पर शूल की तरह चुभा हुआ है। चाणक्य नीति भी यही कहती है कि कलिंग को परास्त कर उसका मगध में विलय कर देना चाहिए।

राधागुप्त

हमने उत्तर पश्चिम के प्रदेशों पर निर्णयात्मक विजय पाई है। पर अभी तक उनका साम्राज्य में विलय नहीं हो पाया है। विलय युद्ध द्वारा नहीं होता। उचित शासनतंत्र चाहिए। सम्राट अभी शासनतंत्र को सुदृढ़ करने में व्यस्त हैं। कलिंग पर आक्रमण साम्राज्य के हित में नहीं है।

सुशीम

तो क्या यह साम्राज्य के हित में है कि उधर कलिंग मनमानी करे और हम हाथ पर हाथ धरे बैठे रहें।

राधागुप्त

कलिंग में एक ऐसा तत्व है जो मगध से वैमनस्य रखता है, और कलिंग की जनता में यही कुप्रचार कर रहा है कि मगध

कलिंग पर आक्रमण करने वाला है। आक्रमण कर हम कलिंग भूभाग पर अपना आधिपत्य तो कर लेंगे पर कलिंग की जनता तो हमें आक्रांता ही समझेगी। ऐसे में वहाँ के विद्रोहियों को बल मिलेगा। कलिंग का मगध में विलय सुगम नहीं रहेगा। कलिंग मनमानी कर रहा है। यह सर्वविदित नहीं है युवराज। अतः आप आवेश में न आयें।

अशोक

महामात्य आप मुझे यह बतायें कि कलिंग का उद्देश्य क्या है।

राधागुप्त

उस ब्राह्मण से चूक हो ही गयी। (लंबी सांस खींचता है।) आचार्य चाणक्य ने महापद्मनंद के वंश के नाश का प्रण लिया था। सम्राट चंद्रगुप्त के द्वारा वंश का नाश तो हो गया। पर एक चूक रह गयी।

अशोक

आचार्य चाणक्य से चूक? यह तो असंभव-सी बात लगती है।

राधागुप्त

नंदवंश को समूल नष्ट करना असंभव था। नंदवंश के बिलासी राजाओं के सैकड़ों जारज पुत्र हैं जिनकी कोई गणना ही नहीं है। वे यत्र-तत्र फैले हुए हैं। जब मूल ही एक ठिकाने नहीं हो

तो समूल नाश करना बहुत ही कठिन है। नंदों को मौर्यों से बैर रखने का मंत्र तो उनको जन्म-घुट्टी में ही मिल जाता है। कुछ वे हैं और उनके कुछ प्रभावशाली मित्र और समर्थक हैं कलिंग में हैं जो मौर्यों से वैमनस्य रखते हैं।

अशोक

वैमनस्य रखने का कारण?

राधागुप्त

बिखरे हुए नंदवंश की एक शाखा कलिंग में जा कर बस गयी थी। इसी शाखा के एक वर्तमान-कुलदीपक हैं महानंद। यही महानंद कलिंग की राजसभा का एक महत्वपूर्ण सदस्य है। उसके प्रभाव में नंदवंश की तलछट में कुछ बहके हुए पर जाने-माने व्यक्ति हैं। महानंद का मस्तिष्क इस सीमा तक विकृत हो गया है कि वह अहर्निश प्रतिशोध की ज्वाला में दहकता रहता है। और कुछ छिटपुट राजे जो मगध से ईर्ष्या करते हैं और मगध के विनाश के सपने सँजोए बैठे हैं, वे महानंद से स्वार्थवश जुड़े हैं। जिस राजसभा में ऐसे सभासद हों, और जहाँ का नरेश स्वतंत्र-विमर्ष के लिए स्वतंत्र न हो तो वहाँ वैमनस्य ही तो पनपेगा। कलिंग एक समृद्ध राज्य है। पर उसकी राजसभा ने ऐसी अयाचित स्थिति उत्पन्न कर दी है कि युद्ध अनिवार्य हो चला है।

अशोक

तब तो पितामह के अधूरे कार्य को पूरा करना ही चाहिए। वह भी शीघ्रातिशीघ्र। यह समझ में नहीं आता महामात्य कि जिस प्रकार आपने इस समस्या का अप्रच्छन्न समाधान बताया है वह सम्राट को भी उपलब्ध था तो उन्होंने कलिंग की ओर ध्यान क्यों नहीं दिया?

राधागुप्त

सम्राट बिन्दुसार को तो अभी तक समय नहीं मिला। अब केवल उचित अवसर की अपेक्षा है।

सुशीम

महामात्य, हमारे साम्राज्य की शक्ति के सामने कलिंग तुच्छ है। हमें अवसर की अपेक्षा नहीं होनी चाहिए। हम जब निर्णय लें वही उचित अवसर है।

अशोक

भैया ठीक कह रहे हैं, महामात्य। जब हमें ज्ञात हो ही चुका है कि कलिंग, मगध की राजधानी में अराजकता फैलाना चाहता है तो फिर हम चुप क्यों रहें। कलिंग को मुँहतोड़ उत्तर देना चाहिए।

राधागुप्त

हाँ, कलिंग को मुंहतोड़ उत्तर देना चाहिए। वह भी जितना शीघ्र संभव हो। अड़चन यह है कि मौर्य सेनाएं बड़ी संख्या में उत्तर-पश्चिमी सीमांत प्रदेशों और साम्राज्य के अन्य प्रदेशों में व्यस्त हैं। उन्हें पुनः कलिंग की सीमा में एकत्र करने में समय लग जाएगा। कलिंग को जब ज्ञात होगा कि उसकी सीमा में सेना संगठित हो रही है तो आक्रमण करने की पहल मौर्यों के हाथों से निकल कर उनके हाथ चली जायेगी। ऐसे में युद्ध लंबा खिंचेगा। अल्पावधि निर्णायक युद्ध की संभावना नगण्य हो चली है। उधर उत्तर-पश्चिम में यवन भी चुप नहीं बैठेंगे।

विराम। ध्यानमग्न होता है।

चूँकि युद्ध अवश्यम्भावी है, एक कलिंग-युद्ध समिति गठित की जायेगी जिसका उद्देश्य आक्रमण के लिए गुप्तरूप से सैन्य संगठन तथा आवश्यक गुप्तचर सेवाओं का नियमन होगा। इस समिति के संचालन का भार विधुगुप्त के युवा कंधों में होगा। व्यूह रचना तथा सैनिक-स्कंधावार संबंधित सभी निर्णयों पर सेनानायक की सहमति अनिवार्य रहेगी। अश्वारोहियों का एक विशिष्ट दल विधुगुप्त के ही नेतृत्व में पाटलिपुत्र और उज्जयनी-व-तक्षशिला के बीच सूचनाओं का अविलंब संचारण करेगा।

विधुगुप्त

कलिंग-युद्ध समिति के गठित होने तक मैं पाटलीपुत्र में ही रह कर कलिंग संबंधी गुप्तचर सेवाओं को संज्ञान में लेता हूँ और आवश्यकतानुसार सुदृढ़ करने की व्यवस्था करता हूँ।

राधागुप्त

दिवंगत राजकुमारों के लिए घोषित शोकावधि तक अशोक और युवराज भी पाटलीपुत्र में ही रहें। कुमार अशोक, अवंती में दस्युओं का प्रकोप थमने का नाम नहीं ले रहा है। आप कार्यभार सँभालते ही शीघ्र प्रदेश को दस्युमुक्त बनाने की शासकीय व्यवस्था करें।

अशोक

यह कार्य मैंने आरंभ कर दिया है, महामात्य।

राधागुप्त

युवराज सुशीम यवनों और उपद्रवकारियों को अंकुश में रखेंगे। गुरुकुल का निर्विघ्न संचालित होना बहुत आवस्यक है।

सुशीम

जी महामात्य।

राधागुप्त

यह सभा विसर्जित होती है।

प्रकाश धीमा होते-होते लुप्त होता है।

दृश्य चार

पात्र- अशोक, सत्यदर्शन, सुभट और महादेवी

स्थानः पाटलीपुत्र-उज्जयनी राजपथ, अशोक का यात्रा-शिविर।

अशोक उनींदा शैय्या पर सिर के पीछे हाथ बाँधे अधलेटा बैठा है। अस्फुट कुछ बड़बड़ा रहा है।

अशोक

वह वन हमारा परिचित क्रीड़ास्थल रहा है। पर है तो कलिंग सीमा के अंदर जो अब पहले की भाँति निरापद नहीं रहा।। फिर तुम दोनों ने क्यों नहीं सावधानी वरती। कैसे लुप्त हो गये तुम दोनों! ऋपुदमन, सुकीर्ति बहुत याद आ रही है तुम दोनों की। यह भी कोई अवस्था थी जाने की! तुम दोनों चले गये और मैं कुछ भी नही कर पा रहा हूँ। प्रत्यक्ष तो कोई कुछ नहीं कहता पर सब जानते हैं कि यह कलिंग का षड्यंत्र है। सभी साक्ष कलिंग की ओर ही इंगित करते हैं। तुम्हें नहीं पता होगा कि ऐसे में कुछ भी न कर पाने की स्थिति बहुत

दुःखदायी होती है। (उसे नींद घेरने लगती है।) अकर्मण्यता मुझे आक्रोश और असंतुष्टि से भर दे रही है ऋपुदमन। (उसके कानों में किसी के मधुर स्वर सुनाई पड़ते हैं - तथागत तुम्हारा मार्गदर्शन करेंगे।)

अशोक गहन निंद्रा में। प्रकाश धीमा होता है।

सत्यदर्शन का प्रवेश।

सत्यदर्शन

(पायताने खड़े हो कर। धीमे स्वर में।) राजकुमार निंद्रा त्यागें।

(सिरहाने के पास से, धीमे स्वर में ।) राजकुमार निंद्रा त्यागें। (स्वर तेज करता है।) राजकुमार निंद्रा त्यागें। विभावरी तो कब की चली गई।

अशोक

(शीघ्रतापूर्वक उठता है।) क्या अनर्गल प्रलाप कर रहे हो सत्यदर्शन!

सत्यदर्शन

ऐसा न कहें राजकुमार अशोक, ऐसा न कहें। मैं एक सूक्ष्मातिसूक्ष्म मस्तिष्कधारी तुच्छ से तुच्छतर प्राणी हूँ जो

अनर्गल प्रलाप करने की योग्यता तो रखता है पर ऐसा करने का दुस्साहस नहीं रखता है। वास्तव में विभावरी चली गयी है।

अशोक

किसी विभावरी के चले जाने से मुझे कोई अंतर पड़ता है क्या?

सत्यदर्शन

कोई अंतर नहीं पड़ता राजकुमार, कोई अंतर नहीं पड़ता है। आप मौर्यकुलगौरव हैं। अवंती के प्रांताधीश हैं। विभावरी के चले जाने से आपको क्यों कोई अंतर पड़ने लगा। पर आपने आदेश दिया था कि विभावरी चली जाये तो आपको अवश्य सूचित कर दूँ।

अशोक

ठीक है सत्यदर्शन, तुमने सूचित कर दिया है और अपने कर्तव्य का निर्वाह कर दिया है। अब तुम जाओ।

सत्यदर्शन

आपकी आज्ञा शिरोधार्य राजकुमार। (जाने लगता है।)

अशोक

रुको सत्यदर्शन। यह विभावरी है कौन?

सत्यदर्शन

यह कैसा प्रश्न है राजकुमार? (शीघ्रता से) राजकुमार आप मुझे अभयदान दें तो मैं आपको विभावरी से संबंध में बताऊँ।

सत्यदर्शन करबद्ध एक-घुटने बैठ जाता है।

अशोक

(सत्यदर्शन की ओर कुछ क्षण घूरते हुए।) सत्यदर्शन, तुम्हें इस राजकीय यात्रा का प्रभारी किसने नियुक्त किया?

सत्यदर्शन

राजकुमार, पिछली यात्रा में मेरे कार्य से आप इतना प्रभावित हुए थे कि आपने मुझे इस यात्रा का प्रभारी बना दिया था।

अशोक

ओह! तुम मुझे निर्भय हो कर इस विभावरी के संबंध में बता सकते हो। पर तुम इस पद पर बने रहोगे, मैं इसका आश्वासन नहीं दे सकता हूँ।

सत्यदर्शन

राजकुमार, सूर्य की अंतिम किरण से सूर्य की प्रथम किरण के मध्य का समय है विभावरी।

अशोक

(स्तब्ध-सा सत्यदर्शन को देखता है। फिर हँसने लगता है।) हा... हा... हा... तो तुम मुझे यह बता रहे थे कि रात बीत गई है। हा... हा... हा...

सत्यदर्शन

मैं आपके आदेश का पालन कर रहा था।

अशोक

(हँसते हुए) ठीक है। अब तुम जाओ।

सत्यदर्शन

राजकुमार सार्थ का गुल्मपति आपसे मिलने की आज्ञा चाहता है।

अशोक

हमलोग उज्जयनी से केवल एक पड़ाव दूर हैं। गुल्मपति से कहो मैं उससे उज्जयनी में मिलूँगा।

सत्यदर्शन

उसने सूचना दी है कि सैनिकों ने राजपथ में कुछ व्यक्तियों को संदिग्ध अवस्था में बंदी बनाया है।

अशोक

(चिढ़कर) तो! मौर्य साम्राज्य में दण्डनायकों की व्यवस्था है। राजपथ को निरापद रखना उनका कार्य है।

सत्यदर्शन

दण्डनायक ही बंदियों को ले कर यहाँ आया है, राजकुमार।

अशोक

यहाँ क्यों? (कुछ नम्र पड़ कर) तुम जा कर गुल्मपति से कहो कि वह सार्थ को संभाले। मैं उससे उज्जयनी में मिलूँगा। और दण्डनायक को यहाँ ले आओ।

सत्यदर्शन जाता है और दण्डनायक को लेकर आता है।

दण्डनायक

अवन्ती के प्रांताधीश की जय हो। मेरा नाम सुभट है।

अशोक

सुभट, इस व्यर्थ की जैजैकार में सबका समय व्यर्थ न करो। शीध्र मुख्य विषय पर आओ।

सुभट

जी श्रीमान राजकुमार अशोक, प्रांताधीश अवन्ती, सैनिकों ने चार व्यक्तियों को संदिग्धावस्था में बंदी बनाया था। बंदियों में, पुरुष वेश में एक युवती भी है। युवती ने अपना जो परिचय दिया था उसकी पुष्टि कर ली गई है। वह विदिशा के श्रेष्ठी चंद्रस्वामी की पुत्री शाक्यकुमारी महादेवी है। परिचय की पुष्टि होते ही हमने उन्हें मुक्त कर दिया तथा उनको उनके साथियों सहित उनके गंतव्य तक पहुँचाने की व्यवस्था कर दी। जब हम आदर पूर्वक उन्हें उनके गंतव्य तक ले जा रहे थे तो आपके यहाँ होने की सूचना मिली। देवि महादेवी ने आपसे मिलने की इच्छा प्रकट की है।

अशोक

महादेवी को बंदी क्यों बनाया?

सुभट

सेनिकों को उनके दस्यु होने का संदेह हुआ था।

अशोक

ठीक है। उन्हें आदरपूर्वक ले आओ। जाओ।

सुभट और सत्यदर्शन जाते हैं। अशोक शैय्या त्याग कर अपने वस्त्र ठीक करता है। सुभट का महादेवी के साथ प्रवेश।

अशोक

(महादेवी से, आसन की ओर इंगित कर) आप यहाँ विराजिए। (सुभट से) सुभट तुम बाहर प्रतीक्षा करो। (महादेवी से) वंदना महादेवी।

महादेवी

प्रणाम कुमार अशोक।

दोनों असहज हैं।

अशोक

(चुप्पी तोड़ते हुए) देवि, मुझे दुःख है कि आपको दूसरी बार बंदी बनाया गया।

महादेवी

दुःख का विषय ही नहीं है कुमार। सैनिकों ने अपना काम किया। मुझे तो प्रसन्नता इस बात से है कि इतने अल्प समय में ही सैनिकों ने अपनी कार्य प्रणाली बदल डाली। इस बार जब

सैनिकों ने घेरा था तो प्राणघातक बाण नहीं चलाए थे। परिचय की पुष्टि होने तक सैनिकों का व्यवहार शिष्ट था। पुष्टि होने पर आदर के साथ सैनिकों का एक सार्थ हमारे साथ लगा दिया गया था। आप बधाई के पात्र हैं।

अशोक

वह तो एक भूल थी जो हमने सुधारी है। मैं तो देवि की ओर से उपालंभ के लिए स्वयं को तत्पर कर रहा था।

महादेवी

नहीं कुमार जो कार्य प्रशंसनीय हो उसमें उपालंभ कैसा। कुमार मैं आपके लिए अपरिचित हूँ, पर मैं आपके बारे में अपने पिता से सुन चुकी हूँ। पिताजी ने बताया था कि आपके और सुकीर्ति और ऋपुदमन के मध्य कितना सामंजस्य है। सामंजस्य था। मैं आपका दुःख समझ सकती हूँ। कुमार मुझे आपसे सहानुभूति है।

विराम

कुमार आप वय और पद में मुझसे बड़े हैं। आप मुझे आप कह कर संबोधित न करें। मुझे सुविधा होगी। आप कुछ अटपटा-सा लग रहा है।

अशोक

देवि तब संबोधन औपचारिक नहीं रह जायेगा!

महादेवी चुप रहती है।

देवि, अब जब मुझे औपचारिकता की जकड़न से स्वतंत्र कर दिया गया है तो मैं कहना चाहूँगा कि मैं तुमसे अपने पहले मिलन को ही नहीं भूल पाया हूँ। क्रोध से तमतमाए मुख पर छोटे-छोटे स्वेदकण, पुरुष वेश में स्त्रीत्व की जीती जागती प्रतिमा, इस जीवन में तो न भूल पाऊँगा।

महादेवी

(क्षीण स्वर में) कुमार!

अशोक

और अभी यात्रा के सरल परिधान में भी कितनी देदीप्यमान लग रही हो। साहस की कोई कमी नहीं। इतने बड़े श्रेष्ठि की पुत्री चाहती तो घर में बैठी रह सकती थी। निश्चय ही अपने पिता के व्यापार में हाथ बँटा रही हो। शाक्यकुमारी और बंदी बनने के बाद भी अपना परिचय नहीं दिया। साहस, सौन्दर्य और विनम्रता का ऐसा संगम पहले न देखा, न सुना।

महादेवी

कुमार। क्या यह आपका प्रणय संवाद है?

अशोक

हाँ देवि। पता नहीं कब की दबी हुई भावनाएँ एक साथ बाहर निकलने के लिए मचलने लगीं हैं। मन वश में न रहा।

महादेवी

मैं अब चलूँगी कुमार। अपने जीवन का लक्ष्य हमें स्वयं निर्धारित करना पड़ता है। तथागत आपको सन्मार्ग दिखायें।

जाने के लिए उद्यत होती है। अशोक उठ कर महादेवी के सामने आता है और उसके दोनों हाथ अपने हाथों में लेता है।

अशोक

मेरा सार्थ उज्जयनी जा रहा है। मेरी इच्छा है कि कुछ समय विदिशा में तुम्हारे सान्निध्य में बिताऊँ। प्रणय संवाद तो हो चुका, विदिशा के सुरम्य वातावरण में तुमसे प्रणय निवेदन करूँ और बंदिनी को जीवन संगिनी बना कर ही उज्जयनी लौटूँ।

दोनों पर प्रकाशवृत्त। प्रकाश धीमा होते-होते लुप्त होता है।

दृश्य पाँच

पात्र – महादेवी और अशोक

स्थान महादेवी का अंतःपुर

अशोक

(सिर देवी की गोद में है और स्वरआर्त है।) वह जैसा भी था, था तो मेरा भाई। क्या हुआ यदि वह विश्रामप्रिय था, था तो वह एक अच्छा मनुष्य। क्या हुआ यदि वह महत्वाकांक्षी था, महत्वाकांक्षा कोई दुर्गुण तो नहीं है।

महादेवी

विलाप न करो कुमार। जो घटना था घट गया। अब आगे की सोचो। (कुमार के बालों में हाथ फेरती है।) मगध साम्राज्य के भावी सम्राट को इस तरह विलाप करने की अनुमति नही है।

अशोक

प्रिये, यह तुम्हारा अन्तःपुर है। मेरा आश्रय है। पाटलीपुत्र का राजप्रासाद नहीं है। यहाँ तो मुझे अपने मन की परतें खोलने

दो। मेरी परिस्थिति पर ध्यान दो। सुशीम के निधन पर मेरा अंतःकरण व्यथित है। मुझे रह-रह कर उसकी याद आ रही है। कितना मानता था वह मुझे। कितना गर्व था उसे मेरी उपलब्धियों पर। उसकी हत्या की गई है, पर इतिहास मुझे हत्यारा ठहरायेगा। वह सम्राट बनना चाहता था पर समिति ने मुझे भावी सम्राट घोषित किया है। यह कैसी विडंबना है!

महादेवी

यह विडंबना नहीं है कुमार, परंपरागत उत्तराधिकार व्यवस्था है। सम्राट का सिंहासन रिक्त नहीं रखा जा सकता।

अशोक

तक्षशिला में तो लोग अभी कहने लगे हैं कि मैंने सुशीम की हत्या करवाई है ताकि मेरे राज्याभिषेक का पथ निष्कंटक हो जाये। ऐसा ही कुछ समाचार पाटलीपुत्र से भी आ रहा है। जनश्रुति यहाँ तक है कि सुकीर्ति और ऋपुदमन की मृत्यु आखेट में दुर्घटना नहीं थी। पूर्व निर्धारित योजना के अंतर्गत उनकी हत्या थी और उस हत्या में मैं भी संलिप्त था।

विराम

पता नहीं मुझे भी ऐसा ही क्यों प्रतीत होता है कि सोची-समझी योजना के अंतर्गत एक अभियान चलाया जा रहा है।

कहाँ रह गया पाटलीपुत्र और कहाँ तक्षशिला। दोनों क्षेत्रों से एक ही प्रकार की जनश्रुति संचारित की जा रही है। कहीं-न-कहीं इसमें कलिंग का हाथ है। अभी तक के साक्ष्य उसी ओर इंगित कर रहे हैं।

महादेवी

वणिकों के अनुसार कलिंग में राजा अनंत पद्मनाभन का बहुत आदर है। उससे इस प्रकार के षड्यंत्र की आशा नहीं की जा सकती। पर यदि राजा अनंत पद्मनाभन नहीं तो फिर कौन? और क्यों? जो भी हो, तुम्हारा सोचना सही दिशा में है कुमार। तुम्हारा राज्याभिषेक होते ही सब समीकरण बदलेंगे। कुछ गुत्थियाँ सुलझेंगी। अंत में सत्य की ही विजय होती है। सत्यम् इव जयति।

अशोक

(अचानक उठ कर बैठता है।) देवी, मैं उपासक बनूँगा।

महादेवी सोचने लगती है।

क्या सोच रही हो प्रिये, क्या मैं उपासक बनने योग्य नहीं।

महादेवी

नहीं कुमार ऐसी बात तो नहीं है। तुम उपासक बन सकते हो। पर तुम्हारी मनःस्थिति ऐसी नहीं है कि तुम अभी इतना

महत्वपूर्ण निर्णय ले सको। सांसारिकता से विरक्त हो सकते हो। इसे त्याग सकते हो। पर पलायन करके तथागत की शरण में आना उचित नहीं है। अभी तो तुम पाटलीपुत्र जाओ। मौर्य साम्राज्य तुम्हारी राह देख रहा है।

अशोक

नहीं देवी नहीं। मुझे पाटलीपुत्र जाने को न कहो। मैं किस मुँह से जाऊँ।

महादेवी

जो कुकृत्य तुमने किया ही नहीं है उसके लिए अपराध भावना कैसी? अपने मन को उद्विग्न न होने दो कुमार। कभी मत भूलो कि तुम भावी सम्राट हो।

अशोक

यही तो विडंबना है।

महादेवी

विडंबना नहीं ऋण है।

अशोक

ऋण देवी?

महादेवी

हाँ ऋण, नाथ। चार ऋण – देव ऋण, आचार्य ऋण, पैतृक ऋण और जन ऋण, इनमें सबसे बड़ा है जन ऋण। उऋण होने के लिए तुम्हें बिन्दुसार का सिंहासन सँभालना पड़ेगा। सम्राट बनना पड़ेगा। साम्राज्य की और जनता की सेवा करनी पड़ेगी।

अशोक

यदि तुम मेरे साथ पाटलीपुत्र चलो तो इस विराट दायित्व का निर्वाह करना सरल हो जायेगा।

महादेवी

नहीं नाथ। तुम्हारे साथ मेरा पाटलीपुत्र जाना संभव प्रतीत नहीं होता। मैं अपना मन मार कर वहाँ नहीं जाना चाहती हूँ।

अशोक

क्यों नहीं करता है तुम्हारा मन मेरे साथ चलने को?

महादेवी

यहाँ अवंती में मैं तुम्हारी ब्याहिता पत्नी हूँ। मैं इसी में संतुष्ट हूँ। मेरी मगध की साम्राज्ञी बनने की कोई अभिलाषा नहीं है। और नाथ मैं एक श्रेष्ठिकन्या हूँ, कहीं की राजकुमारी नहीं।

परंपरा के अनुसार कोई राजकुमारी ही मगध की साम्राज्ञी बन सकती है। एक श्रेष्ठिकन्या स्वीकार्य नहीं होगी।

अशोक

देवी तुम हाँ कह दो और शेष मुझ पर छोड़ दो।

महादेवी

स्वीकार्य न होने का प्रसंग तो मैंने तुमको एक प्रचलित धारणा से अवगत कराने के लिए किया था। अन्यथा मैं स्वयं पाटलीपुत्र स्थानांतरित होने की इच्छुक नहीं हूँ। पिता का हाथ बँटाते-बँटाते देश-प्रदेश में विचरण करने वाली मैं पाटलीपुत्र के राजप्रासादों में घुट कर दम तोड़ दूँगी। और मेरी इच्छा है कि महेन्द्र और संघमित्रा भी इसी उन्मुक्त वातावरण में पलें और बड़े हों। शिक्षा-संस्कार के लिए उज्जयनी ही उपयुक्त है।

अशोक

पाटलीपुत्र जाने के लिए मैं भी बाध्य नहीं हूँ, देवी।

महादेवी

नहीं नाथ तुम बाध्य हो। साम्राज्य के प्रति कर्तव्य-बोध तुमको बाध्य करता है। पाटलीपुत्र तुम्हरा लक्ष्य है, तुम्हारी नियति है। और कुमार तुम्हारे सम्राट बनने में मेरा भी स्वार्थ है।

अशोक

प्रिये, तुम्हारा स्वार्थ! यह तो मैं मान ही नहीं सकता। तुमको साम्राज्ञी बनना भी स्वीकार्य नहीं है। फिर कैसा स्वार्थ?

महादेवी

तुम पाटलीपुत्र नहीं गये और अवंती में ही रुक गये तो इतिहास मुझे अपराधिनी ठहरायेगा कि मैंने तुम्हें कर्तव्य-विमुख किया। मैंने एक साम्राज्य से उसका सम्राट छीन लिया। इतना बड़ा अपराध मैं नहीं ओढ़ सकती नाथ। कुमार, पहले तुम साम्राज्य के हो और फिर मेरे हो।

विराम

अभी तुम्हें मौर्य साम्राज्य बुला रहा है। तुम जाओ। (भरिये गले से) मेरा स्थान अवंती है, मैं यहीं रहूँगी।

अशोक

(खड़े हो कर देवी के दोनों कंधों को पकड़ कर) देवी, यह प्रियदर्शी अशोक तुम्हें वचन देता है कि इतिहास कभी तुमको अपराधिनी नहीं ठहरायेगा। और मैं ऐसा कभी कुछ कर ही नहीं सकता जिससे तुम पर आँच आये, क्या वर्तमान, क्या इतिहास। देवी मैं कल ही पाटलीपुत्र के लिए प्रस्थान करूँगा।

दोनों आलिंगनबद्ध होते हैं।

मंच में प्रकाश धीमा होता है। दोनों पर धीमा प्रकाश देर तक रहता है। अँधेरा।

दृश्य छह

पात्र – महानंद और परमानंद

स्थान महानंद का आवास।
महानंद और परमानंद के बीच में चौपड़
बिछी हुई है।
दोनों अधेड़ावस्था के हैं।

महानंद

नंद वंश समाप्त नहीं हो सकता। इस वंश की समाप्ति का स्वप्न देखने वाले काल के गाल में समा गये हैं। चाणक्य ने भूल से समझ लिया था कि नंद वंश का अंत हो गया है। वंश एक राजा के मारे जाने से समाप्त नहीं होते हैं।

परमानंद

साधु वचन। (हँसता है।) यह तो बहुत सही कहा आपने। वंश एक राजा के मारे जाने से समाप्त नहीं होते हैं। वंश में और भी तो होंगे जिन्हें मारा जा सकता है। मेरे कहने का अर्थ है वंश की समाप्ति के लिए...

महानंद उसे घूर कर देखता है। उसे देख कर परमानंद चुप हो जाता है। कुछ क्षणों के उपरांत महानंद फिर बोलने लगता है।

मैंने सुना है मगधराज धनानंद की नाक लंबी थी।

महानंद

यह लंबी नाक का क्या प्रसंग ले आये परमानंद!

परमानंद

यही कि पाटलीपुत्र में लोगों को यदा-कदा धनानंद की आकृति से मिलता-जुलता लंबी नाकवाला व्यक्ति मिल ही जाता था। यह तो धनानंद को भी नहीं ज्ञात रहा होगा कि उसके कितने पुत्र हैं – औरस हों या जारज।

महानंद उसे घूर कर देखता है।

मेरे कहने का अर्थ है कि जब नंदों को ही नहीं ज्ञात हो की उन्होंने किस देश में, किस प्रदेश में किस स्त्री से शैय्या साझा की तो ऐसे वंश का नाश कैसे किया जा सकता है जिसके वंशज यत्र-तत्र-सर्वत्र बिखरे हों।

महानंद उसे घूर कर देखता है।

मेरे कहने का अर्थ दिवंगत धनानंद का अपमान करना नहीं था और न ही नंदवंश का। मेरे कहने का अर्थ था कि नंदों का राज चला गया पर उनके वंशज अभी भी हैं। जैसे आप।

महानंद उसे घूर कर देखता है।

मेरे कहने का अर्थ था नंद वंशावली में आप एक उल्लेखनीय पुरुष हैं। अब भी मौर्यों से प्रतिशोध लेने के लिए कटिबद्ध हैं। कलिंग की राजसभा के एक वरिष्ठ, सम्मानीय और विशिष्ट सदस्य हैं। आपके अभिमत से ही तो सभा निर्णय ले पाती है।

महानंद

(पिघलता है।) यह तो सत्य कहा तुमने। तुम यह तय समझो कि मगध के सिंहासन पर नंदों का राज होगा मैं महानंद इसे क्रियान्वित करके रहूँगा।

परमानंद

साधु वचन। साधु वचन। जय जय जय हो नंदवंश।

महानंद

मगध से युद्ध अवश्यम्भावी है। आज नहीं तो कल।

परमानंद

साधु वचन। आपने मौर्यवंश के नाश का आह्वान कर दिया है। मौर्यों का नाश हो, नंदों का उत्कर्ष हो। महानंद आप धन्य हैं। पर महानंद... (महानंद भौंहें उठा कर उसकी ओर देखता है।) मौर्यों के विनाश के लिए युद्ध होना चाहिए। मौर्य युद्ध करेंगे नहीं। उनकी अवस्था अभी युद्ध करने योग्य नहीं है। कलिंग की राजसभा मगध के साथ युद्ध का प्रस्ताव पारित करेगी नहीं। ऐसी अवस्था में आप मगध के सिंहासन तक कैसे पहुँचेंगे?

महानंद

स्मरण रहे परमानंद कि मैं कलिंग राजसभा का वरिष्ठ हूँ। मैं पूरी चेष्टा करूँगा कि राजसभा युद्ध का निर्णय पारित करे। ऐसा नहीं हुआ तो और भी उपाय हैं। साम-दाम-दंड-भेद जैसे भी हो युद्ध तो होकर रहेगा। अभी मगध अस्त-व्यस्त है पर कलिंग का सैन्यबल पूरी तरह से तत्पर है। आज युद्ध हो तो कलिंग मगध को धूल चटा देगा।

परमानंद

साधु वचन। जय हो महानंद।

महानंद

आज बिंदुसार नहीं है। सुशीम की भी व्यवस्था कर दी है। उसको भी ऊपर पहुँचा दिया है। और रह गया अशोक, वह तो एक कायर है। कौन करेगा मगध की रक्षा?

परमानंद

कौन करेगा, कौन करेगा? कोई नहीं करेगा। हा हा हा कोई नहीं करेगा। महानंद की जय हो।

महानंद

अरे परमानंद, ऋपुदमन और सुकीर्ति के समय सबकुछ जानते हुए भी शक्तिशाली मगध साम्राज्य किंकर्तव्यविमूढ़ हो कर चुप रहा। यदि उस समय मगध ने कलिंग पर आक्रमण किया होता तो आज पाटलीपुत्र हमारा होता। शक्तिशाली मगध साम्राज्य हा हा हा हा शक्तिशाली! (अट्टहास करता है।)

परमानंद

साधु वचन।

महानंद

परमानंद।

परमानंद

(हाथ जोड़ कर) महानंद।

महानंद

एक खेद का विषय है।

परमानंद

खेद!

महानंद

हाँ परमानंद। खेद। यह एक खेद का विषय है कि एक सुनहरा अवसर हमारे हाथ से निकल गया।

परमानंद

साधुवचन! साधुवचन!

महानंद उसे घूर कर देखता है।

मेरे कहने का अर्थ है कि आप की जय हो। महानंद की जय हो। आप एक सत्यदर्शी हैं। यह कोई मंदबुद्धि ही होगा जो एक सुनहरे अवसर को हाथ से जाने देगा। आपने उत्तम रूप से सत्य का दर्शन किया है महानंद।

महानंद

(उच्च स्वर में) परमानंद!

परमानंद

(हाथ जोड़ कर) महानंद।

महानंद

तुम्हारे कहने का अभिप्राय क्या है? क्या तुम मुझ पर लांछन लगा रहे हो कि मैं मंदबुद्धि हूँ।

परमानंद

अ ब ब म...।

महानंद

स्पष्ट कहो।

परमानंद

मेरे कहने का अर्थ है महानंद कि आप के सुदृढ़ हाथों से एक स्वर्णिम अवसर ऐसे निकल गया जैसे... जैसे... जैसे स्वर्णिम अवसर ऐसे में निकल जाते हैं। पर चूँकि आप एक महान सत्यदर्शी हैं, आपको खेद हुआ। महानंद की जय हो। आप स्वयं को न्यून न आँकें। यह खेद होना ही आपको साधारण की श्रेणी से निकाल कर असाधारण बनाता है। पर महानंद आप ने अभी तक मुझ तुच्छ प्राणी को यह नहीं बताया कि वह स्वर्णिम अवसर क्या था और क्यों आपने उसे अपने कर कमलों से निकल जाने दिया।

महानंद

अशोक हमारे कलिंग में अज्ञात रूप से रह रहा था। अनुमान है कि वह ऋपुदमन और सुकीर्ति के बारे में अनुसंधान करने आया था।

परमानंद

आहा, यह तो भ्रातृप्रेम का उत्कृष्ट उदाहरण है। एकबार राजकुमार भरत ने...

महानंद

अनर्गल वाचन मत करो परमानंद। अशोक आया, हमारे राज्य में अज्ञात रूप से रहा, कलिंग कन्या से विवाह रचाया और उसे अपने साथ पाटलीपुत्र ले गया। इतना सबकुछ हो गया और हमें भनक तक न लगी।

परमानंद

यह तो सचमुच खेद का विषय है।

महानंद

हमारे गुप्तचरों की चूक से एक सुनहरा अवसर हमारे हाथ से निकल गया।

परमानंद

अशोक गोपनीय रूप से कलिंग आया था और हमारे गुप्तचर भी अगोचर ही रहे।

महानंद

परमानंद, तुम व्यर्थ प्रलाप करते हो। राजसभा का समय हो गया है।

परमानंद

महानंद की जय हो। आप कलिंग की राजसभा सँभालिए। मेरा उदर अभी क्षुधा-पीड़ित है, मैं उसकी सेवा की व्यवस्था करता हूँ।

अँधेरा।

दृश्य सात

***

पात्र - पद्मनाभन,   सभासद-एक,   सभासद-दो और   महानंद

कलिंग की राजसभा। महानंद, सभासद-एक और सभासद-दो बैठे हुए हैं। प्रतिहारी आता है।

प्रतिहारी

(घोषणा करता है।) राजा अनंत पद्मनाभन।

राजा अनंत पद्मनाभन आसन ग्रहण करता है।

पद्मनाभन

कलिंग की राजसभा के वरिष्ठ सभासद महानंद के अनुरोध पर यह विशिष्ट गोष्ठी बुलाई है। सभासद महानंद का अनुमान है कि निकट भविष्य में अवश्य ही मगध कलिंग पर आक्रमण करने वाला है। सभासद महानंद का यह अनुमान बहुत ही

गंभीर और उद्वेलित करने वाला है। मैं सभासद महानंद से अनुरोध करूँगा कि जिन तथ्यों के आधार पर वे इस निष्कर्ष पर पहुँचे हैं, उन्हें यहाँ साझा करें ताकि यह विशिष्ट गोष्ठी उन पर विमर्श कर सके और इस गंभीर समस्या का निदान ढूँढ़ सके।

महानंद

एक ही निदान है महाराज। कलिंग मगध पर आक्रमण कर दे।

पद्मनाभन

युद्ध किसी समस्या का समाधान नहीं हो सकता है, महानंद।

महानंद

तो मैं क्या समझूँ कि हम मगध से डरते हैं।

सभासद-एक

आप विषयांतर कर रहे हैं महानंद। प्रश्न कलिंग का किसी से डरने या न डरने का नहीं है। आप इस गोष्ठी को यह बतायें कि किन तथ्यों के आधार पर आप इस निष्कर्ष पर पहुँचे हैं कि निकट भविष्य में मगध कलिंग पर आक्रमण करने वाला है।

महानंद

सभासद यह न भूलें कि चंद्रगुप्त मौर्य और बिंदुसार ने प्रयत्न किये पर वे कलिंग पर विजय न पा सके। मगध कलिंग को हथियाना चाहेगा क्यों कि कलिंग एक सोने की चिड़िया है, एक विशाल राज्य है।

सभासद-दो

यह तो कोई कारण नहीं हुआ।

महानंद

यह कैसे कह सकते हैं आप। आप तो मेरी आशंका को ही नकार दे रहे हैं।

सभासद-दो

पर आप ने यह तो नहीं बताया कि आपकी आशंका का आधार क्या है।

महानंद

अभी तो बताया था कि चंद्रगुप्त मौर्य और बिंदुसार ने कलिंग पर आक्रमण करने के प्रयत्न किये थे पर वे सफल नहीं हो पाये। अशोक भी अवश्य आक्रमण करेगा। अपने बाप-दादा के अधूरे कार्य को पूरा करने की अवश्य चेष्टा करेगा।

सभासद-एक

मगध अभी अपनी ही समस्याओं से घिरा हुआ है। उसकी सेनाएँ पश्चिमोत्तर में यवनों से जूझ रही हैं। कलिंग पर आक्रमण के लिए कलिंग की सीमाओं पर मगध की सेनाओं के जमाव का कोई समाचार नहीं है। मेरे विचार से, यह मैं उपलब्ध तथ्यों के आधार पर कह रहा हूँ, अभी मगध कलिंग पर आक्रमण करने का दुस्साहस नहीं करेगा। अभी सामरिक दृष्टि से भी युद्ध मगध के लिये उचित नहीं है।

महानंद

मैं भी यही कह रहा हूँ सभासद। मगध अभी आक्रमण नहीं करेगा पर भविष्य में करेगा अवश्य। जब मगध पर नंद वंश का राज था तब कलिंग मगध साम्राज्य के अंदर था...

सभासद-दो

सभासद महानंद हमें इतिहास का यथेष्ट ज्ञान है। आप नंदवंश से हैं, अतः आपका मौर्यों से वैमनस्य होना स्वभाविक है। पर आप यह न भूलें कि आप कलिंग राजसभा के एक वरिष्ठ और सम्मानित सदस्य हैं। यहाँ कलिंग का हित सर्वोपरि होना चाहिए।

महानंद

चेतावनी के लिए धन्यवाद। मुझे अपने कर्तव्य-बोध की सीख अभी आपसे लेने की आवश्यकता नहीं। आवश्यकता पड़ी तो मैं स्वयं ही आपकी पाठशाला में प्रवेश के लिए आवेदन करूँगा।

पद्मनाभन

सभासद गण हम एक गंभीर विषय पर चिंतन कर रहे हैं। आप विषय पर बने रहें, विषयांतर न करें। महानंद आप सभा को यह बतायें कि आपने यह अनुमान कैसे लगाया कि मगध सम्राट अशोक कलिंग पर आक्रमण करेगा।

महानंद

राजन, मैं इस विशिष्ट गोष्ठी को बताने का प्रयत्न कर रहा था पर मुझे रोक दिया गया। मुझ पर लांछन लगाया गया कि मैं इतिहास पढ़ा रहा हूँ।

पद्मनाभन

महानंद आप इन क्षुद्र बातों में स्वयं को न उलझायें। आपने हमारी राष्ट्रीय सुरक्षा से जुड़े एक गंभीर और चिंताजनक विषय पर यह वरिष्ठ गोष्ठी बुलाई है। आप विषय पर ही बने रहें।

महानंद

धन्यवाद राजन। जैसा कि मैं कह रहा था। चंद्रगुप्त मौर्य के काल में कलिंग एक स्वतंत्र राज्य था। चंद्रगुप्त और बिंदुसार दोनों ने प्रयत्न किये थे पर वे कलिंग पर विजय न पा सके। मगध कलिंग को हथियाना चाहेगा क्यों कि कलिंग एक तो एक विशाल राज्य है दूसरे हमारा व्यापार समुद्रपार सुदूर पूर्व में फैला हुआ है। स्वर्णदीप, सुवर्ण, कंबोज, श्याम, मलय, ताम्रपर्णी, चंपा द्वीप आदि से हमारे व्यापारिक संबंध हैं। समुद्रपार व्यापार को बनाये रखने के लिए तथा इसके विकास के लिए हमारे पास आधुनिकतम और विशाल समुद्री बेड़ा है। यदि कलिंग पर मगध का प्रभुत्व होता है तो मगध को कलिंग द्वारा विकसित सामुद्रिक व्यापार मार्ग और गंतव्य देश उपलब्ध हो जायेंगे। व्यापारिक और सामरिक दृष्टि से कलिंग मगध के लिए महत्वपूर्ण है। वह आज नहीं तो कल आक्रमण अवश्य करेगा। कल की प्रतीक्षा ही क्यों की जाये राजन। आज हमारे हाथ में है। हम सक्षम हैं। हमें शीघ्रातिशीघ्र मगध पर आक्रमण कर उसे धूल चटा देनी चाहिए।

सभासद-दो

आप जो कह रहे हैं महानंद, उससे यह निष्कर्ष निकलता है कि सम्राट अशोक भविष्य में कभी कलिंग पर आक्रमण करने

वाले हैं। अभी वे अपना शासन-तंत्र सुदृढ़ करने में व्यस्त हैं। समाचार यह भी है कि वे बौद्ध अनुयायी बनने जा रहे हैं।

महानंद

तब तो यही उचित समय है कलिंग को मगध पर आक्रमण कर देना चाहिए।

सभासद-दो

आप इतनी गंभीर बात जिसका प्रभाव विश्वव्यापी हो सकता है, इतनी सरलता से कैसे कर सकते हैं महानंद!

सभासद-एक

पर आक्रमण ही क्यों!

पद्मनाभन

हाँ महानंद आक्रमण ही क्यों? हम समृद्ध हैं और अपनी सीमाओं में संतुष्ट हैं।

महानंद

यह तो निश्चित है कि मगध आज नहीं तो कल कलिंग पर आक्रमण करेगा। मेरा सुझाव है कि कलिंग को शीघ्र ही मगध पर आक्रमण कर इस संभावना को ही समाप्त कर देना चाहिए। आज यहाँ राजसभा में चर्चा और विचार-विमर्श

से यह स्पष्ट हो गया है कि मगध इस आक्रमण को नहीं झेल पायेगा। कलिंग की जीत निश्चित है। कलिंग को मगध से सदा के लिए छुटकारा मिल जायेगा और उपहार स्वरूप मिलेगा मगध का विशाल साम्राज्य।

पद्मनाभन

महानंद आपके तर्कों को नकारा नहीं जा सकता है। पर हम अभी मगध पर आक्रमण के पक्ष में नहीं हैं। ऐसी कोई सूचना नहीं है, न ही ऐसी किसी गतिविधि का समाचार है जिससे यह आशंका हो कि मगध कलिंग पर आक्रमण करने के लिए आतुर है। और चूँकि सम्राट अशोक बौद्ध अनुयायी बनने के इच्छुक हैं, युद्ध की संभावना नगण्य हो जाती है। फिर भी हमारा सैन्यबल युद्धस्तर पर तत्पर रहे ताकि मगध ने दुस्साहस किया तो उसे मुँहतोड़ उत्तर दिया जा सके। यह विशिष्ट गोष्ठी विसर्जित होती है।

अँधेरा

दृश्य आठ

पात्र – अशोक, असंधिमित्रा, कारुवाकी और शिल्पकार

स्थान पाटलीपुत्र का राजप्रासाद।

असंधिमित्रा

नाथ, रानी पद्मावती के अकाल निधन पर मैं गहनवेदना से ग्रसित हूँ। हमारा साथ केवल तीन वर्षों का था पर इन तीन वर्षों में ही वह मेरी घनिष्ठ बन गई थी। मेरे जीवन में उसकी क्षति पूरी नहीं की जा सकती है। (विराम) मैं आपसे प्रण करती हूँ नाथ कि पद्मावती के पुत्र कुणाल को अपने पुत्र के समान पालूँगी। मेरी अपनी संतान नहीं है पर कुणाल की वर्तमान अवस्था पर मेरा मन करुणा से भर उठता है और मेरे स्तनों में दुग्ध उतरने लगता है।

अशोक

असंधिमित्रा, आप मौर्य सम्राट प्रियदर्शी अशोक की अग्रमहिषि हैं। आपके सुकोमल कंधों पर बहुत बड़ा दायित्व

है। मुझे विश्वास है कि आप इस दायित्व के निर्वाह में कोई बाधा-व्यवधान नहीं आने देंगीं।

असंधिमित्रा

नाथ, शाक्यकुमारी महादेवी ने आपको एक पुत्र और एक पुत्री उपहार स्वरूप दिए। कारुवाकी ने आपको पुत्र तीवर दिया। रानी पद्मावती ने कुणाल। केवल मैं ही वंचित रह गई। मैं महादेवी सदृश्य वयःसंधि की उत्तेजना से भरपूर और पहाड़ी नदी सा वेगवान प्रेम-प्रवाह नहीं दे सकती। कारूवाकी सा वर्जना-रहित उन्मुक्त यौवन नहीं दे सकती। मुझे आत्म-संतोष है कि मैं आपके जीवन में प्रेम के ठहराव की संगिनी हूँ।

अशोक

आप जिस ठहराव की बात कर रही हैं वह मेरे अस्तित्व का एक आयाम है। प्रेमोन्माद से परे। जैसे एक पहाड़ी नदी समतल भूमि में आ गई हो। पर देवनंप्रिय प्रियदर्शी सम्राट अशोक के लिए ठहराव एक मरीचिका है, असंधिमित्रा। मुझे अपने गहन अंदर एक अशांति का आभास है। ऐसा प्रतीत होता है जैसे अंदर ही अंदर मुझे कोई मथ रहा हो। मैं एक विशाल साम्राज्य का उत्तराधिकारी हूँ। मैं स्वयं को इतिहास के ऐसे मोड़ पर पाता हूँ जहाँ मेरा व्यक्तित्व एक ऐसा ज्वातामुखी

बन गया है जो प्रस्फुटित होने के लिए तिलमिला रहा है। इस ज्वालामुखी पर एक सम्राट की वर्जनाओं का ढक्कन न लगा होता तो कभी का फट चुका होता। मैं अपनी अशांति, अपनी विह्वलता अपने जिन भाइयों के साथ बाँटता था वे नहीं रहे। न सुशीम, न सुकीर्ति, न ऋपुदमन।

असंधिमित्रा

नाथ आपकी अशांति, आपकी विह्वलता की परानुभूति मुझे है। मुझे तो नाथ एक ही बात सूझती है कि मौर्य साम्राज्य इतना विशाल है कि आपके पास अशांत और विह्वल होने के लिए समय ही नहीं होना चाहिए।

अशोक

मेरी मानसिक अशांति का एक कारण यह भी है कि मौर्य साम्राज्य विविधताओं से भरा है। ऐसे विविधताओं वाले साम्राज्य को एक शासन सूत्र में कैसे बाँधा जाये? ऐसी दण्डसंहिता को, जो जाति-धर्म-वर्ग से ऊपर हो, जन-जन तक कैसे पहुँचाया जाये?

कारुवाकी का प्रवेश

कारुवाकी

प्रणाम नाथ। प्रणाम अग्रमहिषि। आप दोनों के मुखमंडल पर गहन चिंता के भाव हैं। कहीं मैं असमय तो नहीं आ गयी।

असंधिमित्रा

आओ कारुवाकी। (मंद स्मित के साथ) तुम कभी भी असमय आ ही नहीं सकती हो। सुसमय साथ में लेकर जो चलती हो।

कारुवाकी

चिंता का कारण? कुछ गोपनीय हो तो...

अशोक

कुछ गोपनीय नहीं है कारुवाकी। मैं अपनी मानसिक अशांति का निवारण ढूँढ़ रहा था। मौर्य साम्राज्य में सैकड़ों जन-जातियाँ, सैकड़ों धर्म और उपासना पद्धतियाँ हैं, सहस्रों भाषायें और बोलियाँ हैं। ऐसे विविधता से भरे साम्राज्य को एक शासन सूत्र में बाँधने के लिए प्रशिक्षित प्रशासक और राजनयिक उचित संख्या में नहीं मिल रहे हैं। तक्षशिला भी अभी वैसा नहीं रह गया जैसा आर्य चाणक्य के समय था।

कारुवाकी

तक्षशिला की समस्या तो कभी समाप्त न होने वाली लगती है। आपका नालंदा को विकसित करने का निर्णय एक उत्तम निर्णय था। अब तो वहाँ से स्नातक भी अच्छे प्रशासक सिद्ध हो रहे हैं।

असंधिमित्रा

कारुवाकी सही कह रही है नाथ। फिर आपका वह शिलालेख वाला अभियान भी तो द्रुत गति से अग्रसर हो रहा है। आपके आदेश और निर्देश वाले शिलालेख पाटलीपुत्र, मालवा, कौशांबी आदि स्थानों पर व्यापारिक मार्गों में लग चुके हैं। गांधार और सुदूर पश्चिमोत्तर से संदेशवाहकों ने बताया है कि आपके निर्देशों का अनुवाद ग्रीक भाषा में कर लिया गया है।

कारुवाकी

आपके मुखमंडल पर चिंता के बादल शोभा नहीं देते। राजकुमार हो या सम्राट हो, मैं तो उसी अशोक से स्नेहबद्ध हूँ जो कलिंग में मेरे साथ उन्मुक्त विचरण करता था। और फिर इतनी चिंता ही क्यों?

साम्राज्य के एक छोर से दूसरे छोर तक शीघ्रातिशीघ्र संदेश पहुँचाने के लिए द्रुतगामी अश्वों का जाल बिछा हुआ है। तक्षशिला के साथ-साथ नालंदा में प्रशासनिक शिक्षा-प्रशिक्षण की व्यवस्था है। कई भाषाओं में शिलालेख अंकित हो रहे हैं। नाथ आपको अपनी उपलब्धियों पर गर्व होना चाहिये, चिंता नहीं।

अशोक

हाँ कारुवाकी, साम्राज्य को एक सूत्र में बाँधने के लिए शिलालेख बहुत प्रभावी सिद्ध हो रहे हैं।

असंधिमित्रा

हाँ नाथ, अंकित कर दो पाषाणों में। इतिहास कभी न भूल पाये कि सम्राट घोषित होने के बाद भी चार वर्षों तक तपस्या स्वरूप आपने साम्राज्य की सेवा की तब कहीं जा कर आपने राज्याभिषेक के लिए हामी भरी थी।

अशोक

तपस्या तो अब भी कर रहा हूँ देवि। ये निर्जीव चट्टानें, ये शुष्क पाषाण संचार का माध्यम बनेंगे। मैं अपने आदेश, अपने उपदेश सहस्रों शिलालेखों पर अंकित करवा कर पूरे साम्राज्य में फैला दूँगा। जनता से जुड़ने का इससे अच्छा उपाय और क्या हो सकता है।

> **प्रकाश धीमा होता है। अशोक की केवल छाया-आकृति रह जाती है। प्रकाशवृत्त में शिल्पकार दिखाई पड़ता है। शिल्पकार छेनी हथौड़ी से शिला पर लिखता है।**

देवनंप्रिय प्रियदर्शी अशोक ने साम्राज्य में सब जगह, सीमावर्ती राज्य चोल, पांड्य, सतियपुत्र, केरलपुत्र तथा ताम्रपर्णी में, अंतियोक यवनराज के राज्य में तथा अंतियोक के जो पड़ोसी राज्य हैं उन में, दो प्रकार के चिकित्सालयों की व्यवस्था की है। एक मनुष्यों के लिए और दूसरा पशुओं के लिए। जो औषधि साम्राज्य में उपलब्ध नहीं है उसका आयात अन्य देशों से किया जाता है तथा उसे साम्राज्य में पैदा किया जाता है।

मनुष्यों और पशुओं के लिए रास्तों में छायादार वृक्ष लगवाये गये हैं तथा कुँए खुदवाये गये हैं। यह घोषणा शिलाओं पर खुदवाई जा रही है ताकि यह लंबे समय तक सुरक्षित रहे और मेरे वंशज इसके अनुसार आचरण करें।

प्रकाश लुप्त होता है।

दृश्य नौ

❖

पात्र – राधागुप्त, विधुगुप्त और अशोक

स्थान पाटलीपुत्र।

राधागुप्त

सम्राट कलिंग से समाचार है। महानंद ने कलिंग राजसभा को अपने प्रभाव में ले लिया है। पद्मनाभन अब अलग-थलग-से पड़ गये हैं।

अशोक

विश्वास करना किंचित कठिन हो रहा है। जब मैं छद्म रूप में कलिंग में था तो मैंने पाया था कि राजा पद्मनाभन की जनता में छवि एक तीक्ष्ण-बुद्धि-कुशल-प्रशासक की थी। कलिंग के जनसाधारण में उसका बहुत आदर था। जनसाधारण के आदर का पात्र कोई योग्य व्यक्ति ही हो सकता है। कोई योग्य प्रशासक अपनी राजसभा में किसी ऐसे क्षुद्रबुद्धि स्वार्थी को पनपने नहीं देगा जो अपने स्वार्थ को ही सर्वोपरि ले कर चलता हो।

राधागुप्त

आप इधर साम्राज्य को एक नियम संहिता में पिरोने में व्यस्त हैं। अधिकारियों को प्रशिक्षण शालाओं में भेज रहे हैं। शिलालेखों के द्वारा अपने आदेशों और उपदेशों का प्रसारण कर रहे हैं। उधर कलिंग आपकी इस गतिविधि से इस निष्कर्ष पर पहुँचा है कि मौर्य सम्राट युद्ध से विमुख हो चला है। (अपनी वाणी को गंभीर बना कर) कलिंग अपनी सैन्यशक्ति का विस्तार कर रहा है।

अशोक

कलिंग की सैन्यशक्ति का आकलन?

विधुगुप्त

कलिंग के पास अभी 2 लक्ष सेना है जिसमें 10 हजार अश्वारोही हैं और 700 युद्ध हाथी हैं।

अशोक

आश्चर्य! एक छोटे से राज्य की इतनी बड़ी सेना। कलिंग की पूर्वी सीमा में सिंधु है, और बाकी तीनों ओर मौर्य साम्राज्य है। इतनी बड़ी सेना रक्षा के लिये नहीं अपितु आक्रमण के लिये ही हो सकती है।

राधागुप्त

आप चिंता न करें सम्राट। आप को स्मरण होगा कि मगध की सेना संगठित करने का कार्य विधुगुप्त को सौंपा गया था। वह कार्य उसने पूरा कर लिया है। यह कार्य पूर्वनिर्धारित योजना के अनुसार इस तरह किया गया है कि कलिंग की सीमाओं से केवल एक दिवस के रास्ते में मौर्य सेना की छावनियाँ हैं। कलिंग को इसकी भनक भी नहीं होगी कि उसकी सीमाओं के पास मौर्य सेना के स्कंधावार हैं। यदि उन्हें ज्ञात भी हो गया हो तो वे इसका अनुमान भी नहीं लगा सकते हैं कि मौर्य सेना युद्ध-तत्पर है। कलिंग आक्रमण करने की धृष्टता करता है तो उसे मुँह तोड़ उत्तर दिया जायेगा।

अशोक

मौर्य साम्राज्य को अपनी सीमाओं का विस्तार करने की आवश्यकता नहीं है। पर कलिंग का मगध में विलय मगध और कलिंग दोनों के लिए लाभदायक है। मगध को सुदूर पूर्व सिंधुपार के देशों में व्यापार की सुविधा मिल जायेगी। कलिंग की पहुँच दूर-दूर तक है पर सीमित संसाधनों के कारण व्यापार भी सीमित है। मगध इन देशों से व्यापारिक क्षमता को अधिक विकसित कर पायेगा। कलिंग के व्यापारियों को सुदूर पश्चिम से भी व्यापार की सुविधा हो जायेगी। हमारा इस

आशय का संदेश पद्मनाभन के पास गया तो था पर उसने स्वीकार नहीं किया।

राधागुप्त

क्षमा करें सम्राट, मैं आपलोगों को प्रत्यक्ष और परोक्ष रूप से बता चुका हूँ कि जब तक महानंद कलिंग राजसभा में रहेगा, वह कलिंग को युद्ध के लिए प्रेरित करता रहेगा। अभी तो पद्मनाभन के सरल स्वभाव के कारण कलिंग सभा में बहुत प्रभावशाली हो गया है। वह एक मानसिक व्याधि से भीषण रूप से ग्रस्त है।

अशोक

आर्य, मगध आक्रमण की प्रतीक्षा ही क्यों करे?

राधागुप्त

हम कलिंग के लिए प्रस्तुत हैं।

मंच में अँधेरा। प्रकाशवृत्त में अशोक।

अशोक

हो जाने दो युद्ध। आर्य चाणक्य ने आश्रम के पास कुश के विनाश के लिए उसकी जड़ों में मट्ठा डाला था। नंदवंश के इन बचे-खुचे जारज पुत्रों के लिए कलिंग-युद्ध मट्ठे का काम

करेगा। विधु घोषणा करवा दो कि इस युद्ध में हमें रण बंदी नहीं चाहिए।

उत्तेजित करनेवाला संगीत। अशोक पर प्रकाश तेज हो कर लुप्त होता है।

दृश्य दस

✦

पात्र – अशोक, स्त्री, कारुवाकी, असंधिमित्रा और महादेवी

युद्धभूमि का दृश्य। मंच में साइक्लोरामा दृश्यपटल पर उभरती हुई आकृतियाँ और दृश्य।

अशोक

आज मैंने प्रतिशोध ले लिया। कलिंग का समूल विनाश कर दिया है मैंने। अब नहीं चुभेगा कलिंग मगध की पीठ में एक शूल की तरह। विनाश! हाँ समूल विनाश! ये क्षत-विक्षत शरीर, मरे-कटे लोग, ये चीख-पुकार, ये चीत्कार। सुशीम, सुकीर्ति, ऋपुदमन तुम जहाँ कहीं भी हो देखो मैंने प्रतिशोध ले लिया है। मैंने देवनंप्रिय प्रियदर्शी सम्राट अशोक ने कलिंग का संहार कर दिया है। यह रक्तरंजित धरती, यह रुधिर से लाल हुई दया नदी कलिंग पर मेरी विजय के साक्षी हैं। पर यह क्या मैं अपने भीतर विजय का उल्लास क्यों नहीं पा रहा हूँ?

एक स्त्री विक्षिप्त अवस्था में आती है।

स्त्री

मगध सम्राट तू अपने भीतर विजय का उल्लास ढूँढ रहा है? (अट्टहास करती है।)। अपने किस कार्य पर उल्लसित होना चाहता है रे तू? दया नदी देख रहा है न तू। नदी के पानी में ताप है। युद्ध समाप्त हो गया है पर योद्धाओं का लहू अभी भी रिस-रिस कर नदी में जा रहा है... रिस-रिस कर नदी में जा रहा है। नदी के पानी में रुधिर की उष्णता है।

मैं अपने पति से मिल कर आ रही हूँ। उसके दोनों पैर कट चुके थे। उसने अपने दोनों हाथ जोड़ कर मुझसे विदा ली और ... और... और उसने जिसने कभी परिस्थिति से हार नहीं मानी थी, उसने अपने प्राण त्याग दिये। अपनी जन्मभूमि की रक्षा में उसने प्राण त्यागे। कोई यवन नहीं थे, कोई विदेशी लुटेरे नहीं थे। अपने पड़ोसी थे।

(विक्षिप्तावस्था) उसने कभी परिस्थिति से हार नहीं मानी थी... अपने प्राण त्याग दिये... सुन रहा है सम्राट! अभी-अभी उसने प्राण त्यागे हैं। उसका भी लहु रिस-रिस कर नदी में जा रहा है

अचानक पास में पड़े हुए मृत योद्धा का खड्ग उठा लेती है और आत्म हत्या करती है।

करुण संगीत।

प्रकाशपुंज में कारुवाकी

अशोक

कारुवाकी तुम।

कारुवाकी

जिस धरती पर, जिस स्थान पर हमने प्रेमलीला रची थी वहाँ तुमने यह क्या कर दिया कुमार? कोई नहीं बचा सम्राट अशोक। आह कलिंग मेरी मातृभूमि। आपके खड्ग की रुधिर-पिपासा ने सर्वनाश कर दिया है। कोई नहीं बचा कुमार, कोई नहीं बचा! यह क्या कर दिया आपने।

अशोक

कलिंग बार-बार सुई चुभोता रहा। हमारे धैर्य की परीक्षा लेता रहा। कब तक सहन करता? इस युद्ध में मेरे धैर्य का बाँध टूट गया।

एक अन्य प्रकाशपुंज में असंधिमित्रा

असंधिमित्रा

युद्ध हम आरंभ करते हैं पर समाप्त कैसे होता है! मागधों का रक्त भी मिला हुआ है कलिंग की रक्तरंजित धरा में नाथ।

आपसे भूल हुई है नाथ। एक लक्ष सैनिक मारे गये हैं। मृत्यु का ऐसा तांडव!

करुण संगीत

अंकित कर दो इस भूल को पाषाणों में ताकि इतिहास इस युद्ध को कभी न भूले।

एक अन्य प्रकाशपुंज में महादेवी

अशोक

यह क्या कर दिया मैंने, देवी?

महादेवी

होनी को कोई नहीं टाल सकता है नाथ। फिर इस युद्ध के लिए तुम उत्तरदायी कहाँ हो।

अशोक

कलिंग एक राज्य है देवी। एक छोटा राज्य। उसको इस तरह कुचलना अमानवता है। मैं देवनंप्रिय प्रियदर्शी एक अमानव!

महादेवी

तुम देवनंप्रिय प्रियदर्शी हो। मौर्य साम्राज्य के सम्राट। ताम्रपार्नी में तुम जनमानस के आदर्श हो। मौर्य, ग्रीक, चोल, केरलपुत्र सभी तुम्हारा आदर करते हैं। फिर तुम अमानव

कैसे हो सकते हो। वह तो एक उन्माद था जो युद्ध के साथ बह गया। तुम्हारा यह पश्चाताप ही तुम्हें एक युगपुरुष बनाएगा। इस पृथ्वी के सबसे बड़े साम्राज्य का नायक। अब समय आ गया है नाथ कि तुम तथागत की शरण लो। तथागत द्वारा प्रतिपादित अष्टांगिक मार्ग पर चलो। मध्यम मार्ग पर चलते हुए धर्मोपदेशों और धर्मदिशों द्वारा विश्व विजय करो।

मंच में झिलमिल प्रकाश। नेपथ्य से कीर्तन

बुद्धम् शरणम् गच्छामि

संघम् शरणम् गच्छामि

धम्मम् शरणम् गच्छामि

प्रकाशवृत्त में शिल्पकार छेनी हथौड़ी से शिला पर लिखता है।

अशोक

धर्म क्या है?

सक्रिय सामाजिक सरोकार, धार्मिक सहिष्णुता, पारिस्थितिक जागरूकता, सामान्य नैतिक उपदेशों का पालन और युद्ध के त्याग की नैतिक नीति।

धर्म क्या है?

आत्मनः प्रतिकूलानि परेषाम् न समाचरेत

जो आचरण अपने लिए प्रतिकूल है, वह दूसरों के लिए उचित कैसे हो सकता है।

धर्म है जानवरों की हत्या पर प्रतिबंध। मृत्युदंड का उन्मूलन।

शिल्पकार शिला पर लिखता रहता है।

पुजारियों और तपस्वियों के प्रति उदार व्यवहार हो।

माता-पिता की आज्ञाकारिता को प्रोत्साहन मिले।

सभी प्राणियों के कल्याण के लिए ताकि जीवित प्राणियों के लिए अपने ऋण का भुगतान किया जा सके और इस दुनिया और अगले में उनकी खुशी के लिए काम किया जा सके।

प्रकाश धीरे-धीरे तुप्त होता है और झिल-मिल प्रकाश पर फेड इन। मंच पर एक-एक कर कलाकार आते हैं।

कलाकार एक

उसने अड़तीस वर्षों तक मरणोपर्यंत सम्राट पद को सम्हाला।

कलाकार दो

आज से ढाई हजार साल पहले जब आज की संचार सुविधाएँ उपलब्ध नहीं थीं वह पृथ्वी के सबसे बड़े साम्राज्य का जनप्रिय सम्राट रहा और पूरा एशिया उसके प्रभावक्षेत्र में था।

कलाकार तीन

रक्त की एक बूँद बहाये बिना, केवल सद्भावना से उसने विश्व को जीता।

समवेत कंठ

हमें गर्व है कि सम्राट अशोक ने इसी भूमि में, भारतभूमि में जन्म लिया।

समाप्त

अशोक का परिवार

पिता – सम्राट बिंदुसार।

माता – सुभद्रांगी।

भाई –

अशोक के भाइयों और पत्नियों के संबंध में स्पष्ट जानकारी नहीं मिलती है। भिन्न स्रोतों के आधार पर जो सामने निकल कर आया है वह इस प्रकार है।

सुशीम (सुमन) – बड़ा भाई, सौतेला।

वीताशोक (तिष्य) – छोटा भाई, सहोदर।

अशोक के अन्य भाइयों का वर्णन तो मिलता है पर स्पष्ट जानकारी नहीं मिलती है।

पत्नियाँ -

शाक्यकुमारी महादेवी – अशोक की पहली पत्नी।

महादेवी उसी शाक्यवंश की थी जिस में गौतम बुद्ध पैदा हुए थे। महादेवी से अशोक की दो संतानें थीं। महेन्द्र और संघमित्रा।

कारुवाकी – कारुवाकी कलिंग में एक मछुआरे की पुत्री थी तथा अशोक के दूसरे पुत्र तीवल (तीवर) की जननी थी।

असंधिमित्रा – अशोक की तीसरी पत्नी थी तथा अग्रमहिषि (पटरानी)। असंधिमित्रा की कोई संतान नहीं थी। 30 वर्षों तक वह मौर्य साम्राज्य की अग्रमहिषि रही।

पद्मावती – अशोक की चतुर्थ रानी। युवराज कुणाल की जननी।

तिष्यरक्षिता – तिष्यरक्षिता असंधिमित्रा की दासी थी। अपनी नृत्यकला से अशोक का मन मोह लिया था। असंधिमित्रा की मृत्यु के पश्चात वह अग्रमहिषि बनी। तिष्यरक्षिता ने ही षड्यंत्र द्वारा युवराज कुणाल को अंधा कर दिया था।

अशोक का राजधर्म

अशोक ने, बौद्धधर्म में स्वयं महात्मा बुद्ध द्वारा प्रतिपादित राजधर्म के इन 10 सूत्रों को कार्यान्वित किया।

1. राजा उदारवादी, सहिष्णु और निस्वार्थपरक हो।

2. नैतिकता का पालन करनेवाला हो।

3. प्रजा की भलाई के लिए अपने भोगविलास त्यागने वाला हो।

4. सत्यनिष्ठ हो।

5. दयालु हो

6. सरल जीवन जीनेवाला हो जो प्रजा को भी सरल जीवन के लिए प्रेरित करे।

7. किसी भी प्रकार के घृणा दोष से मुक्त हो।

8. अहिंसा का पालन करने वाला हो।

9. धैर्यवान हो।

10.	जनमत को सम्मान देनेवाला हो ताकि शांति और सद्भाव बना रहे।

अशोक ने इन दस राजधर्मों को जीवनपद्धति बनाया और इन्हें शिलालेखों में अंकित करवा दिया।

अशोक का मानना था कि मनुष्य यदि धर्म का पालन नहीं करता है और धर्म का आदर नहीं करता है तो उसकी ख्याति और उसका वैभव तुच्छ है। जो व्यक्ति केवल अपने धर्म पर आस्था रखते हुए दूसरे धर्म के प्रति वैमनस्य रखता है या उसकी निंदा करता है तो वह अपने ही धर्म को क्षति पहुँचाता है।

स्तंभलेखों और शिलालेखों द्वारा अशोक ने बताया कि धर्मविजय ही वास्तविक विजय है। इसका स्थान शक्तिविजय से कहीं ऊपर है।

स्तंभ और शिला अभिलेख

सम्राट अशोक ने स्तंभों, शिलाओं और गुफाओं की दीवारों में अभिलेख खुदवाये थे। ये अभिलेख उसने अपने साम्राज्य में उन स्थानों पर रखवाये जहाँ लक्षित जनसमूह उन्हें सुगमता से देख सके जैसे व्यापारिक मार्गों पर, नगर केन्द्रों पर, प्रचलित स्थानों पर, चौराहों पर आदि।

अभिलेखों की भाषा और लिपि - सम्राट अशोक ने अपने अभिलेखों में उस समय की प्रचलित भाषा तथा लिपि का प्रयोग किया है। पूर्वी क्षेत्रों में प्राचीन मागधी भाषा के लिए ब्राह्मी लिपि का प्रयोग किया गया है। पश्चिमी क्षेत्रों के शिलालेखों में खरोष्ठी लिपि पायी जाती है। कुछ शिलालेखों में यूनानी और अरामाइक और ग्रीक भाषाओं का प्रयोग हुआ है।

इन शिलालेखों के अनुसार भूमध्य सागर का क्षेत्र सम्राट अशोक के प्रभाव-क्षेत्र में था। वे मिस्र और यूनान तक की राजनैतिक परिस्थितियों से भलीभाँति परिचित थे। अभिलेखों में मनुष्यों को आदर्श जीवन जीने की सीख को बौद्ध धर्म के सूक्ष्म विचारों से अधिक महत्व दिया गया गया है।

सम्राट अशोक के अभिलेख आधुनिक बंगलादेश, भारत, अफगानिस्तान, पाकिस्तान और नेपाल में जगह-जगह पर मिलते हैं।

शाहबाजगढ़ी, पेशावर में अशोक द्वारा खुदवाये गये तेरहवें शिलालेख का संक्षिप्त हिन्दी रूपांतर -

अपने सिंहासनारोहण के आठवें वर्ष में देवनंप्रिय सम्राट प्रियदर्शी ने कलिंग को युद्ध में परास्त किया। इस युद्ध में एक लाख पचास हजार क्षत-विक्षत युद्धभूमि से हटाये गये। एक लाख युद्ध में मारे गये और उससे कई गुना अधिक अन्य कारणों से मारे गये। कलिंग विजय के पश्चात देवनंप्रिय धर्म की शरण में आये हैं और धर्म की ओर आकर्षित हुए हैं तथा धर्म से मार्गदर्शन चाहते हैं। कलिंग विजय के पश्चात देवनंप्रिय गहन पश्चाताप में डूबे हुए हैं।

एक स्वतंत्र देश को पराजित किया गया जिससे युद्ध में लोग विकलांग हुए हैं, हत्याएँ हुई हैं और लोगों की मृत्यु हुई है। इससे देवनंप्रिय को गहन पीड़ा पहुँची है।

इससे भी अधिक पीड़ा इस बात से पहुँची है कि विजित देश के ब्राह्मण, श्रमण, अन्य धर्मों के अनुयायी गृहस्थ जो अपने माता-पिता तथा बड़ों का आदर करते हैं तथा जो अपने परिचितों,

मित्रों, संबंधियों, सेवकों तथा अधीनस्थों के प्रति समर्पित हैं, वे या तो घायल हुए हैं या मारे गये है या अपनों से बिछड़ गये हैं।

युद्ध से सभी को क्षति होती है, इससे देवनंप्रिय को पीड़ा पहुँचती है।

ग्रीस को छोड़ कर ऐसा कोई देश नहीं है जहाँ ब्राह्मण और श्रमण न पाये जाते हों। ऐसा कोई देश नहीं है जहां लोग एक दूसरे के धर्म के प्रति सहिष्णु न हों। अतः कलिंग में जितने हताहत हुए हैं उनका शतांश या सहस्त्रांश भी यदि हताहत हो तो देवनंप्रिय को पीड़ा पहुँचती है। यदि अपराध करनेवाले का अपराध क्षम्य है तो देवनंप्रिय से उसे क्षमा मिलेगी।

... देवनंप्रिय के लिए धर्म विजय ही सबसे बड़ी विजय है।

यहाँ से छह सौ योजन दूर ग्रीक राजा अंतियोकस के राज्य में और उससे भी दूर राज्यों में जहाँ टोलेमी, अंतिगोनस, मगस और अलेक्जांडर राज करते हैं, हमने धर्म द्वारा विजय पायी है।

चोल, पांड्य, और सुदूर ताम्रपार्नी द्वीप में और हमारे साम्राज्य में जो ग्रीक हैं, कंबोज से हैं, नभक, नभपंति, भोज, पितिनक, आंध्र और पालिद हैं, सभी देवनंप्रिय के धर्मदिशों का पालन करते हैं।

जहाँ हमारे धर्मदूत नहीं पहुँचे हैं वहाँ भी हमारे धर्माचरण को सुनने के बाद लोग देवनंप्रिय के धर्मादेशों का पालन कर रहे हैं। सर्वत्र हमारी विजय हुई है और इस विजय का जो आनंद है वह धर्म द्वारा विजय से ही मिल सकता है। देवनंप्रिय का मानना है कि अगले जन्म में जो फल मिलेगा उसके समक्ष यह आनंद भी कुछ नहीं है।

मैंने ये शिलालेख खुदवाये हैं ताकि मेरे पुत्र, पौत्र, प्रपौत्र, जहाँ सहनशीलता या हल्के दण्ड से काम चल सकता है वहाँ युद्ध द्वारा विजय की न सोचें। उत्तम तो यही होगा कि वे धर्म द्वारा विजय की सोचें जिसका फल इस जन्म में तो मिलता है ही, अगले जन्म में भी मिलता है।

अशोक - कालक्रम

तिथि (BCE)	घटना	अशोक की अवस्था
304	अशोक का जन्म	0
286	प्रांताधीश उज्जैन महादेवी से विवाह	18
284	महेन्द्र का जन्म	20
282	संघमित्रा का जन्म	22
274	मौर्य साम्राज्य का उत्तराधिकारी घोषित	30
274	सुशीम की मृत्यु	30
270	असंधिमित्रा - अशोक की अग्रमहिषि	34
270	अशोक का राज्याभिषेक	34
266	पद्मावती से विवाह	38
263	कुणाल का जन्म। पद्मावती की मृत्यु	41

262	कलिंग विजय	42
244	कारुवाकी की मृत्यु	60
240	असंधिमित्रा की मृत्यु	64
232	अशोक की मृत्यु	72

आभार ज्ञापन

डॉ भगवतीलाल राजपुरोहित, उज्जैन

अंकिता पाठक, उज्जैन

डॉ कृष्णकुमार भट्ट, कुमाऊँ विश्वविद्यालय

अंकिता पाठक बेंगलूरु की कलायन नाट्य संस्था से जुड़ी एक सक्षम कलाकार हैं। उज्जैन की हैं। उज्जैन में ही अशोक ने अवंती के प्रांताधीश के रूप में अपना शासकीय जीवन आरंभ किया था। उज्जैन के पास ही विदिशा में वह कुमारी महादेवी के साथ प्रणय सूत्र में बँधा था और उज्जैन में ही उसके पुत्र महेंद्र और पुत्री संघमित्रा का जन्म हुआ था।

अंकिता को काम सौंपा गया कि उज्जैन में अशोक या महादेवी से संबंधित जो भी सामग्री मिले, भग्नावशेष हो, किंवदंती हो, जनश्रुति हो उसे एकत्रित करे। वहाँ उसे डॉ राजपुरोहित मिल गये। डॉ राजपुरोहित सम्राट अशोक के संबंध में एक इनसाइक्लोपीडिया सिद्ध हुए। उत्साह और अथक परिश्रम के लिए अंकिता का, तथा अपने बहुमूल्य समय से कुछ घंटे

निकाल कर धैर्यपूर्वक अशोक को विभिन्न पहलुओं पर प्रकाश डालने के लिए डॉ राजपुरोहित का हृदयतल से आभार।

डॉ कृष्णकुमार भट्ट, कुमाऊँ विश्वविद्यालय

सदा की तरह इस बार भी भट्ट जी ने पाण्डुलिपि के संपादन में बहुमूल्य सहयोग दिया है। हृदयतल से आभार।

संदर्भ और पठन सामग्री

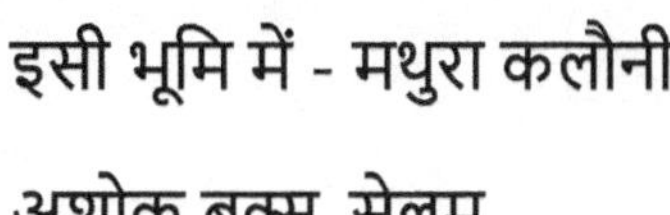

इसी भूमि में - मथुरा कलौनी

अशोक बुक्स, सेलम

ASOKA - Radhakumud Mookerji

Motilal Banarsidass Publishers

INDIA: A HISTORY - John Keay

Harper Collins Publishers

ASHOKA IN ANCIENT INDIA - Nayanjot Lahiri

Permanent Black Ranikhet

THE LEGEND OF KING ASHOKA

A study and translation of the Asokavadana

Motilal Banarsidass. Digitized by Google

वीकिपीडिया – अशोक के अभिलेख